"珍藏中国"系列图书

贾文毓 孙轶◎主编

晨钟暮鼓
中国的寺院

卢 婧 编著

希望出版社

图书在版编目（CIP）数据

中国的寺院：晨钟暮鼓/贾文毓主编.——太原：希望出版社，2014.10（2017.4重印）
（珍藏中国系列）

ISBN 978-7-5379-6328-2

Ⅰ.①晨… Ⅱ.①贾… Ⅲ.①佛教－寺庙－介绍－中国－青年读物
②佛教－寺庙－介绍－中国－少年读物 Ⅳ.①B947.2

中国版本图书馆CIP数据核字（2014）第002919号

图片代理：www.fotoe.com

中国的寺院——晨钟暮鼓

编　　著	卢　婧
责任编辑	张　平
复　　审	杨照河
终　　审	刘志屏
图片编辑	封小莉
封面设计	高　煜
技术编辑	张俊玲
印制总监	刘一新　尹时春
出版发行	山西出版传媒集团·希望出版社
地　　址	山西省太原市建设南路21号
经　　销	新华书店
制　　作	广州公元传播有限公司
印　　刷	三河市兴国印务有限公司
规　　格	720mm×1000mm　1/16　13印张
字　　数	260千字
版　　次	2015年2月第1版
印　　次	2017年4月第3次印刷
书　　号	ISBN 978-7-5379-6328-2
定　　价	39.00元

目录

一、解读寺院

二、寺院趣闻

三、汉地寺院品读

京津冀寺院 …………………………………… 29

北京现存最完整的寺院——智化寺……………… 29
皇家第一大寺院——潭柘寺……………………… 31
北京城内最古老的寺院——法源寺……………… 34

北京戒台寺…………………………………………………… 36
北京大觉寺…………………………………………………… 38
北京的敦煌——云居寺……………………………………… 39
北京灵光寺…………………………………………………… 41
北京第一古刹——红螺寺…………………………………… 42
最高规格寺院——雍和宫…………………………………… 44
石景山法海寺………………………………………………… 46
北京西山卧佛寺……………………………………………… 48
独乐寺………………………………………………………… 49
净觉寺………………………………………………………… 51
普宁寺………………………………………………………… 52
承德普乐寺…………………………………………………… 54
承德殊像寺…………………………………………………… 56
隆兴寺………………………………………………………… 57

辽宁、内蒙古寺院……………………………………… 60

辽宁义县奉国寺……………………………………………… 60
包头五当召…………………………………………………… 62

豫鲁晋寺院……………………………………………… 64

中国第一古刹——白马寺…………………………………… 64
禅宗祖庭——少林寺………………………………………… 66
山东灵岩寺…………………………………………………… 69
太原崇善寺…………………………………………………… 71
五台山佛光寺………………………………………………… 73
五台山南禅寺………………………………………………… 75

五台山菩萨顶……………………………………… 77
大白塔——塔院寺…………………………………… 79
五台山显通寺……………………………………… 81
大同华严寺………………………………………… 83
佛儒道三教合一的寺院——悬空寺………………… 85
东方彩塑艺术的宝库——平遥双林寺……………… 87
平遥镇国寺………………………………………… 91
山西应县佛宫寺…………………………………… 92
交城玄中寺………………………………………… 93
朔州崇福寺………………………………………… 94
洪洞广胜寺………………………………………… 96
永济普救寺………………………………………… 98

秦川渝寺院……………………………………… 100

长安香积寺………………………………………… 100
关中塔庙始祖——法门寺…………………………… 101
西安大慈恩寺……………………………………… 103
西安荐福寺………………………………………… 105
草堂寺……………………………………………… 107
兴教寺……………………………………………… 108
西安大兴善寺……………………………………… 109
成都文殊院………………………………………… 110
凌云寺……………………………………………… 112
峨眉山报国寺……………………………………… 114
峨眉山金顶………………………………………… 116
重庆罗汉寺………………………………………… 118

皖赣湘鄂寺院 ……………………………… 120

安徽九华山百岁宫 ……………………………… 120
九华山开山祖寺——化城寺 ……………………… 122
天下清规发源地——百丈寺 ……………………… 123
江西庐山东林寺 ………………………………… 124
湖南衡山福严寺 ………………………………… 126
三湘名刹——开福寺 …………………………… 128
湖北当阳玉泉寺 ………………………………… 130

浙苏沪寺院 ……………………………………… 133

宁波保国寺 ……………………………………… 133
杭州历史最悠久的寺院——灵隐寺 ……………… 134
天童寺 …………………………………………… 136
普陀山普济寺 …………………………………… 138
天台山国清寺 …………………………………… 140
寒山寺 …………………………………………… 142
扬州第一名胜——大明寺 ………………………… 144
云岩寺 …………………………………………… 146
江苏南京——栖霞寺 …………………………… 148
南京鸡鸣寺 ……………………………………… 150
南京灵谷寺 ……………………………………… 151
上海龙华寺 ……………………………………… 153
上海玉佛寺 ……………………………………… 155

闽粤琼寺院 ……………………………………… 158

南普陀寺……………………………………………158
福州西禅寺…………………………………………160
福州涌泉寺…………………………………………161
粤东第一名刹——曲江南华寺……………………163
广州光孝寺…………………………………………165
仁心寺………………………………………………167
云南规模最大的寺院——华亭寺…………………169

四、神秘的西藏寺院

扎什伦布寺…………………………………………172
青海藏传佛教第一大寺院——塔尔寺……………174
拉萨甘丹寺…………………………………………178
全世界最大的寺院——拉萨哲蚌寺………………181
拉萨色拉寺…………………………………………184
甘肃南部藏族地区最大的寺院——拉卜楞寺……186
"佛、法、僧"三宝俱全的桑耶寺…………………189
世界上海拔最高的寺院——绒布寺………………191
拉萨布达拉宫………………………………………192
拉萨大昭寺…………………………………………196

五、古老的南传上座部佛教寺院

景洪曼阁佛寺 …………………………………… 202
芒市菩提寺 ……………………………………… 204
景真八角亭 ……………………………………… 206

一 解读寺院

中国的寺院

在假期，摆脱了生活和工作压力的人们，都喜欢去一个安静的处所，放松自己的心灵。而寺院，一直是人们钟爱的地方。现在提起寺院来，在我们的印象中，除了来这里上香、散心之外，似乎并没有其他更多的目的。那些僧人们的生活与我们这么接近，但却好像非常的遥远。打开电视机，在武侠剧之中，我们看到那些僧人们打抱不平，行侠仗义，过着简单而富有正气的生活。但又有多少人能够真的懂得他们的信仰和追求呢？

事实上的寺院生活并不是电影中所刻画的那样生动活泼，但那种无忧无虑的状态和摆脱世俗烦恼的生活，却是实实在在的。寺院，是一个与世无争的场所，一方心灵的净土。在寺院，佛教徒们可以祈福，僧侣们在此安心地生活。那么，这些地方为什么会被称为"寺院"呢？

其实大家可能不知道，最开始的时候，"寺"并不是专门指的佛寺，而是在西汉的时候，朝廷设立的用来接待宾客的地方，名字叫做鸿胪寺。后来，有西域僧人来传播佛教。当他们千里迢迢来到中国，

▲ 热闹非凡的庙会

朝廷就先让他们住在鸿胪寺里加以款待，然后再让他们住到别的地方。久而久之，"寺"在人们的印象中，就成了僧人们住的地方了。而"院"原来也没有寺庙的意思。今天我们也不认为"院"专门指僧侣们住的地方。"院"本来的意思是用围墙围起来的建筑和场地。因为这种地方大多是有钱有势的人住的地方，尤其是朝廷官员的府邸，所以后来"院"可以指官舍。到了唐代，皇上亲自下令建设大慈恩寺作翻经院，用来翻译佛经，因此开始称佛教建筑物为"院"了。

> **知识链接**
>
> 我国第一座寺院是洛阳的白马寺，距今已经有近两千年的历史。在这两千年里，我国佛教寺院的建筑数量、风格都发生了很大的变化。有的寺院早已灰飞烟灭，再也找不到了；有的寺院屡次被毁，而又屡次重新建立起来；更有很多新的寺院不断诞生，数量之多，难以统计。根据历史文献记载，佛教盛行的北魏时期，全国有佛教寺院3万多座，仅古都洛阳就有佛教寺院1367座。南朝梁时期，有佛教寺院2846座。隋朝时，全国的佛教寺院达3985座。唐朝，太宗李世民曾经下诏，为了追悼阵亡将士，在一些地方也要修建佛教寺院。我们现在能够看到的北京法源寺和陕西昭仁寺，就是那时修建的。以后，宋元明清各代皇帝，大都推崇佛教，钦命修建的佛教寺院数量不少，民间修建的佛寺，更是数不胜数。由于战争和自然灾害等原因，虽然其中一部分寺院早已毁坏，但留存到今天的也还不少。

可能很多人会奇怪，为什么同样都是和尚，我们在平原地区看到的和尚和在西藏的和尚穿着打扮、称呼都不一样呢？其实，佛教在传入我国的时候，有三条不同的途径。即汉传佛教、藏传佛教和南传上座部佛教。汉传佛教，就是从西域传入我国的佛教，主要在汉族中间流传，就是我们通常看到的佛教。藏传佛教则通过西藏传入中国内地，主要是在西藏、青海、内蒙古等地流传，这些和尚叫做喇嘛。南传上座部佛教，则是通过东南亚传入我国南方地区的佛教，大部分人对此了解的比较少。我们对寺院进行分类，通常也是按照这三种不同的传入类型来划分。

下面我们分别对这三种不同的佛教寺院来做一个介绍。

中国的寺院

汉传佛教寺院在我国数量最多，分布最广。汉传佛教寺院，通常由一组又一组的庭院式建筑组成，中轴分明，左右对称，通常采用我国古代建筑的传统模式来布局：

首先，佛寺的大门通常是一座山门。山门一般是三门并列，中间是正门，两旁为侧门，里面供奉金刚力士。钟楼和鼓楼在山门以内，悬挂着钟鼓用来报时和召集集会等。在唐朝以前的寺庙，大多只有钟楼而无鼓楼，以后才钟、鼓楼并立。较大的佛寺都有天王殿，天王殿位于钟鼓楼后面，里面供奉着四大天王像。有些寺庙的天王殿是跟山门建成一体的。天王殿之后，就是大雄宝殿，这是佛寺的主殿，里面供奉本寺的主佛、主菩萨像以及陪同的菩萨、诸位天王、罗汉等佛像。伽蓝殿、祖师殿在大雄殿的两旁，有的寺院有伽蓝殿和祖师殿作为东西配殿。伽蓝殿里面供奉的是最早支持佛祖释迦牟尼护持佛法、兴建寺院的那些人。而祖师殿是供奉本寺院所属宗派的创始人。法堂位于大雄宝殿之后，是演说佛经、佛法和皈戒集会的场所。一般只有较大的佛寺才有法堂。没有法堂的佛寺就在大雄宝殿内进行这些活动。藏经楼也称作藏经阁，是储

▲法门寺

存佛教经书的建筑，往往是高层楼阁，在建筑布局上作为寺院最后一部分，起到压轴的作用。此外，有些大佛寺还有戒堂、僧舍、茶堂和寺院园林等建筑。所有建筑构成一个完整的整体，浑然天成。

藏传佛教寺院，主要分布在西藏自治区和内蒙古自治区以及青海、甘肃、四川、云南等省，一般都称为喇嘛庙。喇嘛庙一般都是沿山而建。寺内有大殿、扎仓、康村、拉让、辨经坛、转经道等建筑。殿堂高低错落，布局灵活。主要建筑大殿、扎仓等，位置突出；其他殿宇，环列周围。远远望去，给人以屋包山的感觉。寺院的周围，环绕着高大的围墙，形状像城堡一般。

南传上座部佛教寺院，深受汉族建筑、泰缅建筑和傣族民居建筑的影响，有宫殿式、干阑式和宫殿杆阑结合式三种。南传上座部佛教寺院是受小乘佛教影响形成的寺院，由于小乘佛教只认释迦牟尼佛，所以寺院的建筑便以佛塔和释迦牟尼佛像为中心。小乘教地区的寺院数量很多，几乎村村有寺，寨寨有塔。殿堂内外装饰华丽，色彩鲜艳夺目。

寺院是养育文化艺术的殿堂。西天取经归来的玄奘大师，在大雁塔专心翻译经卷，为我们留下了宝贵的财富；石涛、八大山人、石谿、弘仁、虚谷等流芳百世的僧人画家，为我们留下了一幅幅精美的作品。另外还有很多僧人都是诗词高手。而很多不是僧人的诗人也因为佛教的影响，而创作了大量的传世名篇。王维、苏轼就是最好的代表。高僧们断了俗念，不再有名利思想，他们的艺术真正表露了作者的性情，因此也最能打动人。寺院文化完整地保存了我国各个朝代的历史文物，在国家公布的全国文物保护单位中，寺院及相关设施约占一半，称之为"历史文物的保险库"，当之不愧。

寺院文化已渗透到人们生活的各个方面。各个地方一年一度的庙会，都是人们非常喜欢的庆典。它不仅丰富了各地的文化氛围，同时促进了地方旅游业的发展。寺院的佛事节日是寺院文化的一种重要表现方式。在古代，这也是青年人相识相知的机缘。直至今天，不少情侣们仍乐意进寺庙倾吐情怀。人们到佛寺祈求佛祖的"恩赐"，祈求上苍的"保佑"，并非是因为迷信，只是在表达自己内心一种朴素的感情。

珍藏中国 中国的寺院

二

寺院趣闻

寺院趣闻

每逢假期，各个地方的大寺院都是人们热衷的游玩场所。人们之所以如此喜欢寺院，除了寺庙所处的地方通常环境都非常好之外，更有宗教文化内在的韵味美。佛教传入中国以后，经过长期的历史演变和发展，创造了丰富多彩的佛教文化，成为中国传统文化的一个重要组成部分，在中华文明宝库中闪耀着夺目光彩。而每个寺院背后，都有一段不寻常的故事，现在提起来，依然让人感慨不已。

下面，我们就讲几个寺院的趣闻。

◆白马驮经

在河南省洛阳市城东有一座古老寺院，名为白马寺。这是我国第一座寺院。白马寺周围长满了郁郁葱葱的长林古木，还有巍峨的殿阁和高峭的宝塔，风景美不胜收。

相传，东汉明帝刘庄有一天晚上昏昏睡去。恍惚中，梦见一位神仙，神仙的身体被光环绕，轻盈飘荡地从远方飞来，降落在御殿前。他看见一个金子做的神头发出耀眼的白光，飞绕在皇宫的殿庭之上。第二天醒来，太史傅毅告诉汉明帝：听说西方天竺（印度）有位得道的神，号称佛，能够飞身于虚幻中，全身放射着光芒，皇上您梦见的大概是佛吧！于是，汉明帝派使臣前往西域求法，在天竺（今印度）遇到了游化宣教的高僧迦什摩腾和竺法兰。使臣便邀请他们到中国传教。这两位高僧用白马驮载着佛经，跋山涉水，终于在永平十年（67年）来到了京城洛阳。这就是著名的"永平求法"的故事。高僧到来之后，汉明帝大喜过望，下令仿照天竺

的式样为两位高僧修建寺院。为了铭记白马驮经的功劳,于是便将寺院取名为"白马寺"。

后来,我们在《西游记》中,看到小白龙幻化作一匹白马,供唐僧骑乘,就是作者受到"白马驮经"故事的启发而写出来的。

◆相国寺"酒色财气诗"

宋代大文豪苏东坡逢庙必进,而且喜欢与大德高僧交友切磋。相传,有一天苏东坡与相国寺佛印和尚对饮,酒兴起,和尚即兴挥毫在墙上写了一首打油诗:

酒色财气四堵墙,
人人都往墙里藏。
若能跳出墙垛外,
不活百岁寿也长。

苏轼也不甘示弱,立即也做了一首诗:

饮酒不醉最为高,
见色不迷是英豪。
世财不义切莫取,
和气忍让气自消。

后来,神宗皇帝和宰相王安石同游相国寺,见墙上题诗,颇感新鲜。神宗皇帝有意试探王安石才气,于是命王安石先和一首诗。王安石写道:

世上无酒不成礼,
人间无色路人稀。
民为财富才发奋,
国有朝气方生机。

而神宗皇帝也诗兴大发,当即吟道:

酒助礼乐社稷康,
色育生灵重纲常。
财足粮丰国家盛,
气凝大宋如朝阳。

同样是写"酒、色、财、气"这四样东西,佛印和尚认为这四样是世人摆脱不了的桎梏。要是能够跳出这些桎梏的束缚，就会获得解放。而苏轼作为一个诗人，更加注重自身的修养和修炼。他的诗意在告诉人们，虽然有这四样东西的引诱，但是人只要能够把持住自己，修身养性，就会获得超脱。王安石作为当朝宰相，他的诗歌体现出经世济民的良苦用心。"酒、色、财、气"在王安石看来都是国家不可缺少的东西，一个国家有朝气才能自强。神宗皇帝也为社稷祈福，希望大宋能够国泰民富、长治久安。不同的人从各自的视角出发，演绎出一段富有传奇色彩的佳话。

◆张生巧会崔莺莺

在山西永济的普救寺，有过这样一个动人的爱情故事。

前朝有一个崔相国，他有一个女儿崔莺莺，非常俊俏。崔相国死后，他的夫人郑夫人跟崔莺莺一起送崔相国的灵柩回河北老家安葬，途中暂时住在河中府的普救寺。崔莺莺虽然才十九岁，但却是一个才女。崔相国在世的时候，就已将她许配给郑夫人的侄儿，当朝郑尚书的大儿子郑恒。

在普救寺，崔莺莺和自己的丫鬟红娘到普救寺大殿外玩耍，碰巧遇到了书生张生。张生本来是西洛人，是礼部尚书的儿子，但无奈父母双亡，家境衰落。他自己一个人去京城赶考，路过此地，忽然想起他的八拜之交杜确就在蒲关，于是也住了下来。听状元店里的小二哥说，这里有座普救寺，是武则天的香火院，景致很美，于是信步来到普救寺散心。谁料恰巧碰到崔莺莺。张生见莺莺容貌俊俏，赞叹道："十年不识君王面，始信婵娟解误人。"为了能与崔莺莺多见上几面，便借宿在寺中，住进了西厢房。

张生从和尚那儿知道莺莺小姐每夜都到花园内烧香。夜深人静，月朗风清，僧众都睡着了，张生来到后花园内，偷看小姐烧香。随即吟诗一首："月色溶溶夜，花阴寂寂春；如何临皓魄，不见月中人？"莺莺也随即和了一首："兰闺久寂寞，无事度芳春；料得行吟者，应怜长叹人。"张生夜夜苦读，感动了小姐崔莺莺，她对张生也产生了爱慕之情。

但事情发展却没有那么顺利。当时有一个将军叫做孙飞虎。他不服从朝廷的管制，发动了叛乱。他听说崔莺莺有倾国倾城之容，便率领五千人马，将普救寺层层围住，限老夫人三日之内交出莺莺做他的压寨夫人。崔莺莺宁死不从。正在万般无奈之际，夫人大声宣布："不管是什么人，只要能杀退贼军，扫荡妖氛，我就将小姐许配给他。"张生的朋友杜确是当朝的武状元，任征西大元帅，统领十万大军，镇守蒲关。张生先用缓兵之计，稳住孙飞虎，然后写了一封书信给杜确，让他派兵前来，打退了孙飞虎。

崔老夫人在酬谢席上以莺莺已许配郑恒为由，让张生与崔莺莺结拜为兄妹，让张生另择佳偶，这使张生和莺莺都很痛苦。看到这些，丫环红娘便安排他们相会。夜晚张生弹琴向莺莺表白自己的相思之苦，莺莺也向张生倾吐爱慕之情。

老夫人看莺莺这些日子神情恍惚，言语不清，行为古怪，便怀疑他与张生有越轨行为。于是叫来红娘逼问，红娘无奈，只得如实说来。红娘向老夫人替小姐和张生求情，并说这不是张生、小姐和红娘的罪过，而是老夫人的过错，老夫人不该言而无信。

老夫人无奈，告诉张生如果想娶莺莺，必须进京赶考取得功名方可。张生后来果然考得状元，写信向莺莺报喜。这时郑恒又一次来到普救寺，捏造谎言说张生已被卫尚书招为东床佳婿。于是崔夫人再次将小姐许给郑恒，并决定择吉日完婚。恰巧成亲那一天，张生以河中府尹的身份归来，征西大元

▲普救寺

帅杜确也来祝贺。真相大白，郑恒羞愧难言，含恨自尽，张生与莺莺终成眷属。

◆ 十三僧棍救唐王

　　这个故事发生在我国河南嵩山少林寺。隋朝末年，天下大乱，诸侯各霸一方，战乱连年不休。当时有一个武将，叫王世充。他霸占洛阳，自立为皇帝，定国号为"郑"，封其侄儿王仁则为领兵大元帅。这叔侄二人终日东杀西战，搞得民不聊生。那时候，洛阳城郊十五里的柏谷庄，有少林寺千亩田地，住着十三个有武艺的和尚，专管种田护园。有一天，饲养牲口的和尚智守，听见有人在谷草垛后嘀嘀咕咕说话。原来他们是青泥沱人，听说唐王那里年景好，在闯潼关逃荒要饭时，拾到上书"秦王之印"玉印一个。丢印的是一个被抓的郎中。智守听完以后，把这夫妇带进庄院，让他俩把经过又说了一遍。寺主僧志操留下玉印，打发逃荒夫妇走后，十三武僧议论起来，说郎中可能是李世民。都说唐王李渊父子办事顺天理和人情，关内五谷丰登，军队秋毫无犯。王世充自称皇帝，祸国殃民，实属蟊贼，要设法搭救那个郎中才是。最后上座僧善护决定，立即奔洛阳搭救李世民。

　　十三人扮成挑柴汉子，混在人群里，来到洛阳监狱那里，在距监狱门口不远的地方，正好碰上一个巡逻士兵走来。普胜来个猛虎跳涧势，飞上去卡住了士兵的喉咙，毫无声息地将那个禁卒提到僻静之处，昙宗和尚得到钥匙，又将那总管捆了手脚，嘴里填上东西，推到墙角暗处，昙宗开了监门，背起李世民跑出内监，智守、普胜紧紧跟上，三人一起离开了监狱。他们当即拿定主意：干脆兵分两路，一路护送李世民出城，到洛阳桥头等待；一路人去捉贼子王仁则。在善扩带领下，昙宗、明嵩、善护等五人，穿过伊洛街口，见星光下三、四个士兵在一座高楼前游荡，便抓住其中一个让他领到王仁则院前，又想办法打开了房门。屋内的王仁则正奸淫一名女子，忽见有人进屋，劈头就是一剑，昙宗来个金沙飞掌，拨过来剑，闪进屋中，两人就在屋内相斗起来。几百回合不分胜败，眼看昙宗体力不支，此时一直在屋外观望的佛灭赶到，伸手抓起一泡菜缸上的石磨照着王仁则砸去，只听"啊呀"一声，王仁则倒在地上。昙宗顺势一脚踏在王仁则身上，让姑娘开门、点灯。昙宗进到屋里。用绳子将王仁则绑起，昙宗像扛粮食袋子似的，往肩头一放，五个僧人一同赶往洛阳桥。再说志操他们，在官马棚牵了十四匹战马，把李世民扶上马，破门来到洛阳桥头等候。昙宗扛着王仁则来到桥头，翻身上马，用胳膊夹着王仁则，十四匹战马直向西而去。不久遇见了李世民的唐营兵将，十三个少林和尚，把俘虏到的王仁则和那块玉印，一并交给了李世民，便得胜回柏谷庄去了。唐王李世民当了大唐皇帝之后，便封昙宗为大将军，其他十二个和尚因不愿做官，各自云游四方去了。这就是我国历史上有名的"十三棍僧救唐王"的故事。

◆雷音寺前一碗水的故事

雷音寺坐落在敦煌。敦煌有一泓泉水叫做月牙泉。相传，月牙泉的形成是古雷音寺庙前一碗圣水变成的。

▲少林功夫——棍术

在很久很久以前，在鸣沙山屹立的地方有一座宏伟壮观的雷音寺，它周围是一个富饶美丽的小村子，村子里的百姓依托雷音寺神佛的保佑，过着安宁的日子。雷音寺里的和尚僧人们也靠着村里人的布施，专心致志地吃斋念佛与村里的人和睦相处。谁知好景不长，有一年四月八日，寺院又像往年一样，举行一年一度的盛大节日"浴佛节"。这一天，僧徒们吹法号、唱经歌、转法轮、做道场，非常隆重而热闹，招引得方圆数十里外的善男信女都到这里烧香敬佛，顶礼膜拜。当佛事活动正进行到"洒圣水"这一场时，住持方丈端出一碗雷音寺祖传圣水，恭恭敬敬放在寺庙门前，刚念了一句："柳瓶水溢唾甘露"，忽听人群中一声吆喝："雷音寺的和尚，有本事的出来与贫道一比法术的高低！"方丈定睛一看，原是前不久由东部到此的一位外道术士。据说他曾在终南山学道，练就一套能呼风唤沙的本领，上个月曾来雷音寺走动。因他出言狂妄，蛮横自大，被方丈轰了出来，故而怨恨在心，一直等待机会要对雷音寺的和尚进行报复，正好瞅准这天万人云集的法会之机，他便赶来兴风作浪。

雷音寺的方丈见这外道术士，口出不逊，于是口念弥陀说："孽障，该灭！"只见术士拿起剑作法，口中念念有词地舞动起来。霎时间，天昏地暗，狂风大作，只见飞沙走石，铺天盖地而来。这一下看法会的人群顿时慌乱起来，都呼喊着拼命往雷音寺内跑。小小的雷音寺哪能容得下如此众多的人群，来不及进庙的人群转眼被黄沙埋得无影无踪。说来也怪，不管寺外风有多紧，沙石多大，而寺内粒沙不入，平静如故。可是狂风在那术士的得意声中越刮越大，顷刻就将雷音寺给全埋住了，从此寺内的人永远也出不来了。外道术士见雷音寺已被沙埋住，但门前那碗圣水却安然无恙地呈现在沙滩上。术士见此情景，又使出浑身法术，继续往碗内填沙，但任凭魔高千尺，而碗内始终粒沙不入，直至碗周围形成一座沙山，圣水碗安然如故。术士见此情景，只好悻悻

▲雷音寺

而走。正待术士离碗而去时，忽听"轰隆"一声，那碗圣水半边倾斜而变成一弯清泉。那术士却爆裂成一个黝黑的顽石，孤零零暴晒在沙丘中。原来那碗圣水，本是佛祖五千年前赐予雷音寺住持，让他专为人们消病减痛之用的"圣水"。由于外道作孽残害生灵，便显灵惩罚，使碗倾泉涌，形成了现在的月牙泉。

◆报恩寺的故事

现在枣阳城内还保留着一座东汉时期的大殿。这座大殿顶做得非常漂亮，五道房脊，六只祥兽，琉璃瓦、飞檐角儿、四面斜坡。每个飞檐下面原来都系着一串风铃儿，招风铜铃底下是宽能跑马的一转画廊，花格窗户花格门。要问这座殿堂为何修建的如此华丽，这事儿还得从光武帝刘秀说起。

西汉末年，王莽篡政，建立了所谓的"新"朝。刘秀揭竿而起，与王莽作战。有一场战争失利，王莽追赶刘秀，一直追赶到枣北寺庄。刘秀迷了路，又跟护驾的马武、朱郁一伙儿走散了。等到东边儿泛白，刘秀竟跟王莽碰了个当面。王莽迎面碰见刘秀之后一阵窃喜，便扯喉咙吆喝："小的们，抓住刘秀，官升一级！"看到官兵们还是畏首畏尾不敢上前，便又喊道："抓住刘秀，官封万户侯！"王莽手下的人见刘秀单人独马，便呼啦一下围了上去。刘秀听到王莽吆喝抓他，转身便逃。他猛一拽马缰，哪晓得不拽还好，一拽倒拽出麻烦来了。那白马不但没转头，却径直向王莽跑去。刘秀长叹一声："天杀我也！"话没说完，已跟王莽头对头了。他"唰"地拔出腰中的青龙剑，便要自刎。王莽以为刘秀要跟他最后一拼，也抽剑在手，准备厮杀。刚立好架式，冷不防那白马一声长嘶，四蹄生风，直向王莽冲去，最后四蹄腾空，从王莽头顶一跃，跃到王莽马后狂奔起来。王莽大惊，望着远去的刘秀大吼："放箭，快放箭！"霎时间，莽军那边箭如飞蝗，直向刘秀射去。刘秀伏在马背上，一动也不动，一会儿便接近枣阳城。就在这时，突然一声响箭，"嗖"地一声，一支箭擦着金鞍，贴着马鬃飞向前去，扑地钻进滚滚的沙河里。白马受惊，嘶叫几声，前蹄腾空而起，一下将刘秀摔下地来。

刘秀一个跟头跌倒在地，浑身生疼，眼睁睁望着白马狂奔而去，再回头一望，追兵已经快追上来了。恰在这节骨眼上，一阵旋风刮来，飞沙走石，遮天蔽日，夹着一串当当啷啷的响声。刘秀看去，只见"太和寺"已近在眼前，那"当当啷啷"的响声便是太和寺飞檐下的串串铜铃被旋风刮动而发出的。刘秀拔腿就向太和寺跑去。这太和宝刹累遭战患兵祸，此时已是门窗残缺，墙断顶塌。别说躲人，恐怕连只耗子也藏不住呢！刘秀一下子凉了半截。要说进城去躲吧，太和寺离城墙足有半里地，怎么也跑不及。他顿时横下一条心来，硬着头皮从窗上翻进大殿。进得殿内，东瞅西瞄，两眼一下盯着神台，神台下能容一人蔽身。是福不是祸，是祸躲不过，管它呢！他猫腰钻进去，紧握宝剑，连口大气也不敢喘。

刘秀刚刚钻进神台，就听殿外人声嘈杂，战马嘶鸣。这时，只听王莽厉声高喝："谅他刘秀去之不远，逃之不及。众兵将，给我搜！"众兵将正在散开,王莽又叫:"王将军,你引一支人马继续追赶!"大将王邑道:"遵旨!"遂领命而去。

刘秀满心欢喜,以为逃过一劫。正在得意之时,忽听一人奏道:"万岁,以微臣之见,搜城就此搜起。"王莽哈哈一笑:"一座破庙,能藏刘秀的魂不成?"那人说:"万岁,微臣那一箭奔刘秀后心而去,不料刘秀计谋多端,躲了过去!不过……"他话没说完,又有一人接道:"万岁,丞相好箭法!"听话音,刘秀就知一个是奸相王盛,另一个是严尤。王盛又说:"不管箭法好坏,刘秀还是被战马掀了下来。这庙岂可不搜?"

随着王莽一声令下,众贼兵呼啦一下,把太和寺围了个里三层外三层。王莽带领御林军,踏着破砖碎瓦,直向太和寺逼来。刚摸进大殿,陡然间一阵狂风,卷来一团黑云沙石飞扬。莽贼一愣,再看殿内,一片漆黑,慌忙退出寺外。王盛见王莽退出大殿,忙问:"万岁,为何止步?"

王莽假装正经地说道:"王爱卿,你看这破庙,墙歪柱斜,梁塌檩朽,说不定哪会儿便自己倒了,岂能容人一躲?"王盛说:"万岁,常言道,饥不择食,忙不择路,病急还乱投医哪!况刘秀诡计多端,几次从咱们眼皮底下逃脱。想这大殿之外,正是刘秀落马的地方,不可大意。"

王莽哈哈笑道:"王爱卿言之有理,忠心可嘉,就代孤一搜吧!捉住刘秀,其功非小!"

王盛是要功劳不要命的家伙,当下领人搜进大殿。大将严尤哪里服气。严尤一向看不起王盛,嫉妒心强,总怕他超过自己,所以处处拆他的台。王盛刚进殿,他又讥讽开了,对王莽道:"万岁,以微臣之见,想那刘秀五岁骑马,骑术不差,咋会跌落马下?既未落马,想必早已逃走,我等在此久留,恐怕错失良机,请万岁定夺!"话说完,王盛已出来了。他进去胡乱搜一通,没有发现刘秀的藏身之地,也就出来了。王莽怕贻误了追赶刘秀的时机,当即带人上马追赶。

刘秀待王莽走远,钻出神台,扑通一声跪在地上,双手合十,念道:"阿弥陀佛!"遂起身走出大殿,逃出虎口。刘秀登基后,念念不忘太和寺"救命之恩",降旨枣阳县令,为救命菩萨重修庙宇,再塑金身,将"太和寺"改名为"报恩寺",并御书三个斗大金字,悬于大殿。这报恩寺虽然历经多次改朝换代，庙宇几经兴衰，终因"报恩寺"是刘秀所题，总算保存下来。直到今天，仍基本上保持了"报恩寺庙"大殿的原形。

◆奉国寺的传说

义县城内有座世界有名的奉国寺。这座大佛寺，始建于辽代，距今已有九百多年的历史了。从古至今，这里是全县最热闹的地方，逛庙的游客一年到头络绎不绝。人们走进大雄殿，仔细观看，会看到一些不寻常的地方：在大殿左上方的横梁上悬挂着一个木制的大墨斗子；在释迦牟尼佛像前，有一根上头劈裂的立柱，柱头上绑着一根麻绳；走出正殿，在大殿的东南角，有一根粗大的立柱没有柱脚石。另外，像这样一座少有的大佛寺，却没有山门。大佛寺怎么有这些怪事儿呢？这得从这座庙是谁修的说起。

传说当年木匠的祖师鲁班带了一班徒弟，其中有一个小伙叫刘满，人长得机灵，师傅一点就透，活儿做得精巧，常常受到师傅、师兄弟们的夸奖。时间一长，他有点不知道天高地厚了，看不起师兄弟不算，还总想和师傅比个高低。一天，鲁班师傅做了一个木头孩儿，不但会走会跳，还会拿家伙做活儿。只要师傅拍一下它后脑勺，它就"咯噔咯噔"跟着走。刘满见了，喜欢得直咂嘴儿，馋得手心直痒痒。他暗下决心想："我也做个木头孩儿给你瞧瞧！"他追星星赶月亮，没几天工夫，木头孩儿做成了，看上去跟师傅做的那个一模一样。刘满也学师傅的样子拍了一下木头孩儿的后脑勺，可木头孩儿动也不动。他又拍了一下，木头孩儿摇也不摇。"啪啪啪！"连拍了三四下，手都拍麻了，木头孩儿连窝也没挪，气得他一屁股坐在那儿直喘粗气。正巧，师母来叫他吃饭，刘满就问师母："师母，我做的这个木头孩儿为啥咋拍也不走啊？"师母是个精明人，早看出了刘满的心思，就回答他说："你的心太高了吧？"刘满寻思是说他做的木头孩儿的心高了，赶忙拆下来重新往下放了放。谁知这回再一拍，木头孩儿"咯噔咯噔"还真能走了，刘满高兴得又蹦又跳。有了木头孩儿，刘满打起了走的主意。这天，吃过早饭，刘满趁师傅外出做活，挟着铺盖领着木头孩儿偷偷地走了。一路上，他给东家做箱子，给西家打柜子，活儿做得好，挣了不少钱，就更有主意了。有一天，他来到一个村上，村东头张家老夫妇见他木头孩儿做得怪好的，就找到刘满说："小师傅，我们家有磨没有驴，人又老了拉不动，你能不能给我们做

个会拉磨的木头驴呢？"刘满想：这算啥，木头孩儿我都会做，还不会做木头驴吗？就满不在乎地说："十天后来牵驴就是了。"老夫妇俩高兴地走了。

▲奉国寺

村西头有个李家小两口，听说刘满会打木头驴，也来找他说："小师傅，我的家有猪有鸡也有鸭，可就是少个看家望门的小狗，你能不能给我们打个会蹦会叫的木头狗呢？"刘满寻思：做驴做狗一个理儿，这更不难。就又满口应承地说："十天后来拉狗吧！"小两口也高高兴兴地走了。刘满早就想露两手给人们看看，这下有了机会，别提多心盛了。他起五更爬半夜，掐指头算日子。五天头上，木头驴做完了，十天头上，木头狗也打成了。刚做好，张家和李家都来了。刘满对张家说："这是你家的木头驴，只要拍一下它的后脑勺，管保乖乖地给你拉磨。"刘满又对李家说："这是你家的木头狗，只要拍一下它的后脑勺，一定会蹦又会叫。"

照着刘满说的话，张家拍下驴的后脑勺，李家拍下狗的后脑勺，可是驴也不走，狗也不叫。他们瞧瞧刘满，刘满好生纳闷，也上前拍了拍，还是不会走。忽然，他一拍脑门子，想起当初做木头孩儿的情形，说："对了！一定是又把心放高了。"他学着以前的法儿，可这回无论咋拍，木头驴和木头狗就是一动不动。刘满急得直冒汗，这回不但没露脸，臊得他直想找个地缝钻进去。张家和李家一看刘满尽瞎吹牛，挺生气，都撇撇嘴一甩袖子走了。这件事一传十，十传百，再也没有多少人找他做活了。刘满脸上发烧，心里后悔，当初不该离开师傅，现在还有啥脸回去呢？他越想越难过，坐在那儿哭开鼻子。哭着哭着，一个白胡子老头，打远处走到他跟前，对他说："孩子，真正的本事你还没学到啊！只有回到你师傅那儿，才能学到真本事。"说着话，没等刘满抬眼看清老头模样，老头不见了。刘满很奇怪，细一想，觉得老头说得有道理。第二天一大早，他就又挟着铺盖领着木头孩儿回去了。

鲁班师傅待人宽厚，一点也没责怪刘满，照样收他学手艺。刘满很感动，从此再也不敢傲气了。他虚心学习，实实在在地干，加上他的聪明，没多久他的本事真的大了。这天师傅对他说："你现在可以自个儿出去闯闯啦。这是我常用的墨斗子，你拿去吧。将来遇到为难事，只要想起我，我一定会帮助你。"刘满叩头谢过师傅，第二次离开师傅上路了。他由南向北走，出了关，一直走到宜州城，就是现在的义县。只见这大凌河的两岸长满了苍松翠柏，树干粗得三个人合抱都碰不上头，枝叶密得可搭棚遮日，真是个风水宝地。刘满暗想：我要在这里盖一座大庙，一来为人们做件好事补回以前的脸面；二来能修行积德，也好报答师傅的恩情。他不愿惊动人们，想偷偷干。可这么大的工程，凭他一个人，有天大的本事也难成啊。怎么办呢？刘满犯愁了，不由地想起了师傅，他随口叨咕说："要是师傅在这该有多好哇！"这时，忽听身后有笑声，回头一看，原来是他那师兄弟们像天兵下界一样，全来了。刘满喜出望外，和师兄弟们合计合计就干上了。

他们这一干，可把这里的人们闹慒了。半夜三更里，人们只听外边"叮叮当当"像是锛凿斧锯声；再细听，"吭呦吭呦"又像什么人扛东西的喊号声，吵吵嚷嚷，闹闹哄哄。人们纳闷，推开窗门朝外看，可外边除了铺天盖地的大雾，啥也看不见。大雾整整持续了七天七夜。刘满和师兄弟们在这大雾里可忙啦，他们锯的锯，拉的拉，抬的抬，扛的扛。工程大，用料多，待到梁椽檩木备得差不多时，那一大片树林子只剩下一棵树了。这棵树又粗又高，长得枝繁叶茂。刘满望望眼前这棵大树，心想：干脆原封不动拿它当一根立柱吧。就这样，这棵树没伐没砍，就地修在庙上，成了大庙东南角的一个立柱。

刘满是个急性子，恨不能一时修成庙。他见大伙手头的墨线左抻右拽不好使，就拿出师傅送给他的那个墨斗子。谁知这个墨斗子是个宝物，梁橡檩子像长了翅膀似的往上飞，眼瞅着大庙往高长。眨眼之间，庙架子竖起来了。刘满抬着最后一根横梁刚要往上架，只听"咔"的一声，立柱头劈裂一道两尺长、一巴掌宽的大纹。刘满心疼地摸摸这根立柱的木料，又四下望了望，再也找不到一根能替换的木料了。要是将就着用，一旦倒塌，岂不白费心血？刘满急得一边跺脚，嘴里一边叨咕："师傅啊师傅，快来帮帮我吧！"话音没落，那个白胡子老头又来了，手拿一根细麻绳对刘满说："这事儿不难，只要用这根细麻绳捆在柱头上，保你万无一失。俗话说'一木难支大厦'，我说一绳能保危柱。"说完，老头就不见了。刘满拿起这根拇指粗细的麻绳，照着白胡子老头的话捆在柱头上，就把横梁架在大殿的西上方了。到此，一座富丽堂皇的大佛寺落成了。外边看，四面飞檐斗拱，高上云天；里边看，七尊慈面金佛盘膝而坐。四壁画着罗汉像，梁上雕有飞天，金闪闪，光灿灿，好生气派。

　　刘满和师兄弟们左看右看觉得挺满意。他们正相看着，下了七天七夜的大雾越来越小，东边日头也一点点见亮了。刘满和师兄弟们不敢再耽搁，他们得在雾散之前离开这儿。大伙急忙拾掇家什就朝南走。刘满走得急，把师傅送给他的那个墨斗子忘带走了。后来人们就把这墨斗子挂在大殿的横梁上。再说刘满走在路上，总觉得心里像有点事，可又想不起来是啥事。等走到小七里河子，他才一拍脑门子说："哎呀，糟了！忘立山门了。没有山门不成庙啊！"他琢磨了一阵子，就对师兄弟们说："我看，咱就把山门立在这里吧。"大伙都赞同。他们就地取材，三下五除二，不费多大工夫，一道红彤彤的山门就立在了路当中。来观赏大佛寺的游人很难看到山门，就因为它立在城外七里远的小七里河子空场上。那个鲁班用过的墨斗子至今还悬挂在大雄殿的横梁上。当初用麻绳捆裂柱倒也灵验，至今九百多年了，那立柱还结结实实地立在那里，柱头下边还垂着一段余下的绳头。至于那根没有柱脚石的立柱，就是当初那棵大树，它已不再生枝发芽，树皮也早就掉光了，可还稳稳当当地支撑着这座雄伟壮观的大佛寺。

珍藏中国 中国的寺院

三

汉地寺院品读

佛牙舍利塔

京津冀寺院

北京现存最完整的寺院——智化寺

北京的古寺非常多。智化寺是北京现存的保存最完整的寺院。它位于北京市东城区禄米仓东口北侧，坐北朝南，是北京现存的唯一的仍然保持着明代风格的佛教寺院。

来到智化寺，抬头就看见山门门额上一个硕大的汉白玉横匾："敕赐智化寺"。"敕赐"说明是皇上御赐的寺名，"智化"就是以佛的智慧普度众生。智化寺始建于明正统八年，本来是明朝大太监王振的家庙，明英宗赐名"报国智化寺"。智化寺堪称京城最大的明代木结构建筑群。寺院坐北朝南，其中轴线上依次分布有山门、智化门（即天王殿）、智化殿、如来殿（又称万佛阁）、大悲殿等主题建筑，智化门前是东西对称的钟楼、鼓楼；智化殿前是东西对称的大智殿与藏殿。他们都是典型的明代歇山式风格建筑。

智化寺建筑极具特色。庄重典雅、用料独特的黑琉璃瓦顶，素雅清新的装饰彩绘，精美古朴的佛教艺术以及寺庙特有的享有"中国古音乐活化石"美誉的"智化寺京音乐"，都是不可多得的艺

> **知识链接**
>
> 作为一座寺庙，最重要的就是体现其佛教艺术和文化。智化寺藏殿是智化殿前的西配殿，因为殿中不设法座，仅置转轮藏一具，所以名为"藏殿"。转轮藏为八角形，高四米，下为须弥石座，中为经柜，上为毗卢帽顶。藏厨上用浮雕手法，雕刻了金翅鸟、神人、龙女、狮兽等，图案精美。如来殿是中轴线上最大的建筑，殿内供奉如来佛像，因此得名如来殿。殿正中设八角形木制须弥座，上奉释迦牟尼佛。佛前有二立侍，左为梵王，右为金刚。大殿两侧有高大精美的曲尺形经橱。如来殿佛像背后有东西二梯通楼上万佛阁。两层山墙上除有门窗地方都饰满佛龛，龛内置小漆金佛造像，相传有九千余尊，因此得名万佛阁。门外周边有廊，围有宝瓶木质护栏。楼上供有三尊佛像，中间为毗卢遮那佛，左为卢舍那佛，右为释迦牟尼佛。转藏、佛像以及众多的壁画，将寺庙的佛教氛围渲染到极致。

术瑰宝。

先说黑琉璃屋顶。智化寺的正殿是智化殿。智化殿面阔三间，黑琉璃筒瓦单檐歇山顶。智化殿后，是一座黑琉璃筒瓦庑殿顶重楼。同一座建筑上下层名称不同：下层名为"如来殿"，上层名为"万佛阁"，该楼是智化寺内最高建筑。从远处的山门、钟鼓楼，到近处智化殿、万佛阁，所有殿堂的屋顶全部铺装黑色的琉璃瓦，象征着神圣和庄严、权势和高贵。黑色琉璃瓦屋顶，正好与"智化"寺名相对应，前者以风降恶魔，后者以智度化众生。

然后我们看一下彩绘壁画。智化殿内正中以前供有汉白玉石须弥座，中央供奉三世佛，即释迦牟尼佛、阿弥陀佛、药师佛，两边供奉十八罗汉坐像，均为木质漆金，可惜现已无存。三世佛像后有一幅壁画，高约3米，宽4.67米，内绘有地藏菩萨，两侧下方各有立像大人。整个画面人物生动、线条流畅、色彩绚丽。尤其是地藏菩萨，给人以出世超凡、和蔼可亲的魅力。

另外，智化寺还保存了完整、高深美妙的佛教音乐。1446年，太监王振把宫廷音乐从宫廷中引出来，并在智化寺中演奏。这些宫廷音乐经历数代发展，形成独树一帜的佛教"京音乐"，有"中国音乐活化石"的美誉。

▲ 智化寺

皇家第一大寺院——潭柘寺

"先有潭柘寺,后有幽州城。"潭柘寺,是北京的一个不老传奇。

关于潭柘寺名字的来源,有一个古老的传说,至今依然在民间广为流传。

相传,潭柘寺本来是个"龙潭",潭里住着一条龙。后来有一个叫华严的和尚,来到潭边讲经,这只龙似乎对佛法很感兴趣,所以每天都来听经,天长日久,竟被佛法感动了,于是在一个风雨交加的夜里,飞升上天,并将龙潭变成了平地。这只龙"舍潭为寺",把自己的地方留给华严和尚做寺庙。于是华严和尚就在这块平地上建起了潭柘寺。真龙虽然飞走了,但它留下了两位"龙子",这两位"龙子"神通广大,并且继承了"老爸"的美好品质,经常呼风唤雨,为百姓做好事。于是人们就在寺内安放了一个神龛,专门供奉"龙子"。赶上"龙子"心情郁闷出去散心,寺里的和尚们还要费心地将它们找回来。其实并没有什么"真龙",也没有什么"龙子"。大家费尽力气找回来的无非是两条蛇而已。

潭柘寺规模宏大,富丽堂皇,堪称皇家第一大寺院。

来到潭柘寺,绿树掩映之中,可以望见一座山门。山门外是一座三楼四柱的木牌坊,牌楼前有两株古松,古松枝叶相互搭拢,就像一绿色天棚。牌楼前有一对石狮,雄壮威武。过了牌坊是一单孔石拱桥,叫"怀远桥"。

进了山门,就来到了天王殿。天王殿殿中供弥勒像,背

> **知识链接**
>
> 潭柘寺位于北京市门头沟区潭柘山山腰,始建于晋代,已有1700多年的历史,是北京郊区最早的一座寺院。根据史料记载,潭柘寺在晋朝时叫做"嘉福寺",本来只是一座小寺庙,到了唐朝时,有位华严和尚加以扩建,改名为龙泉寺。此后,这座寺庙的名字不断更迭,金代改为"大万寿寺",明代时又恢复"嘉福寺"的旧称,清代改称"岫云寺"。在民间,因为这座寺庙后面有一个清澈的潭水叫龙潭,而寺旁又有一棵古老的柘树,所以一直称之为潭柘寺。

面供韦驮像，两侧塑高约3米的四大天王神像。天王殿两侧是钟鼓楼。大雄宝殿位于天王殿后，宝殿面阔五间，黄琉璃瓦绿剪边，极为漂亮。宝殿上檐额题"清静庄严"，下檐额题"福海珠轮"。既显示出了佛寺的清净，又显示出潭柘寺的尊崇。大雄宝殿房屋正脊的两端各有一巨型碧绿的琉璃鸱吻，是元代遗物，上系以金光闪闪的鎏金长链。鸱吻是传说中的一种神兽，是龙的九个儿子之一，放在屋脊上可以镇免火灾。据说，当年康熙皇帝初来潭柘寺拜佛，远远望见鸱吻跃跃欲动，大有破空飞走的态势，于是命人打造金链将它锁住，并在旁插上一把剑。现在我们看到鸱吻上写着六个鎏金大字"镀金剑光吻带"就是康熙御赐的。

大雄宝殿后为斋堂院，是和尚们吃饭的地方，堂后有三圣殿。但此二殿均已拆除，只剩两株娑罗树和两株银杏树，树体高大。中轴线终点

▲潭柘寺

是一座楼阁式的建筑，名毗卢阁，高两层，木结构。站在毗卢阁上纵目远眺，寺庙及远山尽收眼底。

潭柘寺中的古迹文物和名木古树远近闻名。无数名人在此留下了自己的足迹。元世祖忽必烈的女儿妙严公主，深感父亲征战中原时积下了很深的罪孽。为了替父赎罪，就来到潭柘寺出家，后来终老于寺中。她每日都在观音殿内跪拜诵经，"礼忏观音"，年深日久，竟把殿内的一块砖磨出了两个深深的脚窝，人称"拜砖"。现今妙严公主"拜砖"依然供奉在潭柘寺的观音殿内，是潭柘寺极为珍贵的一件历史文物。

龙王殿前的一条石鱼，长近两米，重150千克，敲击时能发出动听的声音。这是元代遗物。传说是南海龙宫之宝，龙王送给玉帝。后来人间大旱，玉帝送给潭柘寺消灾。一夜大风雨时，石鱼从天而降，掉在院中。据说石鱼身上13个部位各代表当时元代的13个省，哪省有旱情，敲击该省部位便可降雨。

潭柘寺内斋堂院内有一株"帝王树"和一株"配王树"，这两株古树都是银杏树，相传是辽代种植的，距今已经有1000多岁了。传说其中一株古树非常神奇，每当帝王登基之时，它就会诞生一个新的侧枝。有一次，清乾隆皇帝来到庙内，寺内的老方丈借机表示了一下自己对皇帝的敬仰，便对他说康熙皇帝和您驾临敝寺时，这株老树都生出一侧枝，这是在向您和您的爷爷表示庆祝啊。这几句奉承使乾隆很受用，龙颜大悦，于是当即"册封"这株树为"帝王树"。它西侧的一株树也跟着沾光，被封为"配王树"。如今这株"帝王树"已经长成高30多米的参天巨树了，树干的直径达3米多。两株银杏树虽然都上了千岁，但现在仍然枝繁叶茂，生机勃勃。

除此之外，天王殿前的一口大铜粥锅，东路行宫院里的流碑亭和奇竹金襄玉、玉镶金，以及寺后二里处的泉水和龙潭，山门外种植的柘树，为有名的潭柘寺寺内十景，长期以来都引人注目。

千年潭柘寺以其秀丽的风光和众多的人文景观而著称于世，1957年这里被列为北京市文物保护单位，经过几番修整后，如今这里已经是京郊一处著名的旅游胜地。

北京城内最古老的寺院——法源寺

　　北京宣武门外教子胡同南端东侧，有一座非常古老的寺院叫法源寺，又叫悯忠寺。来到法源寺，同其他寺庙一样，首先看到的是山门。山门里面是天王殿。天王殿正中供奉着明代制作的弥勒菩萨化身——布袋和尚铜像。弥勒佛祖胸露怀，表情喜乐诙谐，给人以安详的感觉。弥勒像后则是勇猛威武的护法神——韦驮坐像，是明代铸造的。殿内两侧是明代铸造的四大天王像，极为珍贵。天王殿前有数块铭碑，东西两侧建有钟楼和鼓楼。

　　法源寺第二进院落的主殿是大雄宝殿。大雄宝殿面阔五间，前出抱厦三间，是寺内最主要的建筑。宝殿屋檐下绘制了金龙和彩画，大雄宝殿梁

▲法源寺毗卢殿明代五方佛（五智如来）铜像

架上悬挂着乾隆帝御书的"法海真源"匾额。殿前有明清石碑六通，记述了修寺的历史经过。大雄宝殿正中供奉的是"华严三圣"，即毗卢遮那佛、文殊菩萨、普贤菩萨像，也是明代时制作的。这三尊塑像，宝像庄严，雕制精美，在明代塑像中可算是精品了。此外，在大殿的两厢还分列着清代木雕的十八罗汉像，用木头做成，外面镀金。

　　悯忠台是法源寺第三进院落的主殿。之所以叫做悯忠台，是因为在唐末时，这里建造了三层巨阁观音阁，当时有"悯忠高阁，去天一握"一句话，

后人就将此地的建筑起名为悯忠台。悯忠台结构独特，外墙以十二柱为架，室内以十二柱支撑，式样与故宫御花园万春亭相同。这里保存着法源寺的历代碑刻，其中很多碑刻都是国宝级文物。以唐代的《无垢净光宝塔颂》、《悯忠寺藏舍利记》、《承进为麓福禅师造陀罗尼经幢》及辽代的《燕京大悯忠寺菩萨地宫舍利函记》最为珍贵。

法源寺第四进院落的主殿为毗卢殿，又称净业堂。殿前有一元代的巨大石钵，双层石座，周围雕有海水花纹和山龙、海马、八宝等图案，精美绝伦。殿内供奉着总高5.65米的明代铜质五方佛像，极为罕见。造像的上层为安坐在须弥座上的毗卢佛，中层为东西南北四方佛，下层为千瓣莲花宝座，在每瓣莲花上都雕有一小佛，形成"千佛绕毗卢"的景象。该殿原本还珍藏了唐玄奘法师的顶骨舍利，可惜1949年后被盗，成为一大遗憾。

法源寺的第五进院落的主殿是大悲坛。大悲坛又称观音殿，面阔五间，殿后接抱厦一间。该殿主要供奉的是观音像，形态各异，共有7尊。此外，大悲坛又被称为我国佛教文物的宫殿。这里陈列着历代的佛像、石刻及佛教艺术珍品：中国最早的佛像——东汉时代的陶制佛坐像、三国东吴时代的陶瓶、南北朝时的整石造像、唐代石佛像、五代铁铸佛像、宋代木雕罗汉像、元代铜铸观音像、明代的木雕伏虎罗汉像等，这些都是极为珍贵的文物。

藏经阁位于最后一进院落内，是座二层楼的建筑。殿内以青砖铺地，楼上保存了各种版本的佛经典籍，是中国珍藏佛经最多、版本最珍贵的地方之一。法源寺内珍藏了大量佛经、佛像和石刻，目前是中国佛学院和中国佛教图书文物馆的所在地，也是培养青年僧侣和研究佛教文化的

> **知识链接**
>
> 法源寺始建于唐朝贞观十九年（645年），是北京城内现存历史最悠久的佛寺。唐贞观十九年春，唐太宗李世民亲自带领大军从洛阳出发北上，御驾亲征辽东高丽。但是出师不利，当年冬天，李世民又带着这支失败的军队回了幽州城。由于将士死伤无数，士气大受挫折。李世民为了追念阵亡将士，同时也为了鼓舞士气，便下诏在幽州城东南角建寺，开始时称悯忠祠，后来叫悯忠寺。悯，就是怜惜忧伤的意思。悯忠，就是缅怀那些为国牺牲的将士。其实就相当于现在的革命烈士纪念馆。

重要场所。

法源寺不但历史悠久，殿堂宏阔，而且寺内的古树也享誉京华。这里除了白皮松、古银杏外，其丁香与崇效寺的牡丹、大觉寺的玉兰并称为京城的三大花事。每逢春末夏初盛开季节，寺院便会举办"丁香大会"，令游者流连忘返。能够在这样一座皇家寺院领略寺院的清净和丁香的芬芳，实在是一件幸福的事情。

北京戒台寺

在与潭柘寺相距约为5千米的北京门头沟区的马鞍山麓，还有一座古老的寺庙叫做戒台寺，又名戒坛寺。戒台寺西靠极乐峰，南倚六国岭，北对石龙山，东眺北京城，是北京一座重要的寺庙。

戒台寺以戒坛、奇松、古洞著称于世。

戒坛，顾名思义，就是和尚受戒皈依佛门的地方。戒坛建于辽代咸雍五年，是一个高3.5米的汉白玉方台，雕刻精美。环坛雕刻了113尊一尺多高的戒神，坛上供奉着佛祖释迦牟尼的坐像。像前有十把雕花木椅，即和尚受戒时"三师七证"的座位。该戒坛是明代的遗物，与杭州昭庆寺、泉州开元寺戒坛并称中国三大戒坛。因戒台寺居首，所以戒台寺戒坛有"天下第一戒坛"的美誉。

戒台大殿是戒台寺的标志，也是寺内最主要的建筑。大殿正门上方高悬漆金大匾，上书"选佛场"三个大字，为袁世凯手书。殿内的天花板为金漆彩绘，殿顶正中部分是一个"斗八藻

知识链接

戒台寺原来叫做慧聚寺，始建于隋朝开皇年间（581—600年），至今已有1400多年历史了，它是北京现存最为古老的皇家寺庙之一。辽代时候，有一位叫做法均的高僧，他在寺内修建戒坛，受戒者纷至沓来，戒台寺一时名声大震。明代正统五年，明英宗皇帝赐名为万寿禅寺，自清代以来，民间通称为戒坛寺，又名戒台寺。戒台寺景致古朴清幽，既有北方寺庙巍峨宏大的气势，又有江南园林清幽秀雅的情趣；既有浓重的宗教文化色彩，又有神奇秀美的自然景观；不仅是中国佛教一座著名的寺院，同时也是一处久负盛名的旅游胜地。

井"。藻井内纵深分为上圆、下方两个部分。井口内壁雕有许多小天阁，每阁内都雕有佛龛，龛内则供有金装小佛，宝相庄严。门内横枋上则挂有清代乾隆皇帝手书的"树精进幢"金字横匾，内侧挂有康熙亲笔的"清戒"二字匾额。戒台殿内的113尊戒神也是不可多得的奇景，那133尊泥塑金身，神形各异，有的威武雄壮，有的面目狰狞，有的顶盔贯甲，有的仙风道骨，一个个栩栩如生，生动传神。这是迄今为止，北京地区绝无仅有的一组戒神塑像，难得的艺术珍品。

戒台寺的古树名木甚多，仅国家保护级古树就达88棵，其中最著名的当属古松。这些古松或经人工修整，或自然天成，经过了千百年风霜雪雨的磨砺，形成了各种奇特的造型，具有很高的欣赏价值，是历代文人雅士赞咏的宠物。明清时期，"十大奇松"就已经闻名天下。戒台院前的"抱塔松"、"九龙松"，千佛阁前的"自在松"、"卧龙松"和"活动松"等，形态奇特，给人以美的享受。古松中当属"活动松"最为著名，随意拉动其中松枝，整棵树的枝叶都会跟着摇动，犹如一阵狂风袭来。乾隆皇帝在此留有一座"题活动松诗"的石碑。

戒台寺的后山主要是石灰岩，石灰岩容易受到雨水侵蚀，形成溶洞。亿万年来在雨水的侵蚀下，后山也的确形成了许多天然溶洞。洞中的石钟乳和石笋构成了千奇百怪、美不胜收的造型，龙跃、鱼游、狮坐，石乳，给人们留下了无数神奇的传说和美丽的遐想。这里的部分山洞曾经过人工修整，建成石窟寺，是当年寺内部分高僧静修的地方。像这样密集的石窟寺岩洞群，在北京地区，也是绝无仅有的一处。

▲戒台寺戒坛

戒台寺不仅得胜于千年古韵的佛门渊源，更得胜于满园古木苍翠的清新幽雅，四季宜人。春来香花烂漫，姹紫嫣红；夏至松涛连绵，云蒸霞蔚；秋及天高云淡，层林尽染；冬临银装素裹，分外妖娆。真可谓"青山无墨天作画，美景不言自为诗"。作为国家正式批准的宗教活动的场所，每逢初一、十五，这座千年古寺就会香烟缭绕，钟磬齐鸣，吸引来自各地的香客、居士们。

北京大觉寺

大觉寺又称大觉禅寺、西山大觉寺，是位于北京西郊旸台山南麓的一座千年古刹。大觉寺始建于辽代，初名清水院。明宣德三年（1428年）重建，更名大觉寺。明代、清代都有过大的修缮，所以现存建筑大多是明清时候建造的。辽国时期契丹人崇拜太阳，所以建筑并不像我们汉族人一样房屋朝南，而是朝东。所以在开始修建大觉寺的时候，契丹人也将它设计成朝东的样子，山门朝向太阳升起的方向。

大觉寺的山门共三间，下面是砖石结构，拱门上有匾额"敕建大觉禅寺"。而在寺内的无量寿佛殿上，悬挂着乾隆皇帝御笔亲书的"动静等观"的匾额。无量寿殿前左右各有一块碑，南面一块是明成化十四年（1478年）所建的《御制重修大觉寺碑》，北面一块明弘治十七年（1504年）为明孝宗所建的《大明敕谕》。《大明敕谕》记载了明成化十四年（1478年）奉周太后之命重修大觉寺的历史，又称为大明敕谕碑。这些匾额碑刻都显示出大觉寺在佛教界崇高的地位。

大觉寺内还有很多别致的院子。四宜堂、憩云亭、领要亭等清代园林建筑，位于寺院的南路。四宜堂，俗称南玉兰院，修建于康熙

> **知识链接**
>
> 大觉寺以玉兰、清泉、古树名闻天下，寺内共有古树160株，其中包括1000年的银杏、300年的玉兰，及古娑罗树。大觉寺的玉兰花与法源寺的丁香花、崇效寺的牡丹花一起被称为北京三大寺院花卉。大觉寺以"古寺兰香、千年银杏、老藤寄柏、鼠李寄柏、灵泉泉水、辽代古碑、松柏抱塔、碧韵清池"名扬中外，被称为"大觉寺八绝"。大觉寺外杏花十里，花开之时，彩霞满山，别有情趣。

年间，是雍正皇帝以自己斋号命名的建筑。四宜堂北是乾隆皇帝题名的憩云轩。领要亭位于寺院的西南角坡上，是一六角攒尖顶的亭子，名字来自"山寺之趣此领要，付与山僧阅小年"诗，据说是乾隆所做，旁边还有一石，上刻有乾隆于丙戌年的一首题诗。

全寺的最高点为大悲堂北侧的舍利塔。舍利塔为清乾隆年间（1786—1795年）该寺住持迦陵禅师的墓塔。与北海永安寺白塔的形制相仿。耸立在碑亭中的辽碑《旸台山清水院创建藏经记》，是大觉寺保存最为珍贵的一件文物。

北京的敦煌——云居寺

说起敦煌，我们脑海中就会涌现出一座文化的宝库，那是佛教文化的一座重镇。而说起"北京敦煌"，有谁能够确切地说出名字来呢？北京的敦煌就是云居寺。云居寺又名西域寺，坐落于北京西南房山区境内。之所以能够担当"北京敦煌"的盛名，是因为寺内保存着一万多块石经板，七千多块木经板和唐塔、辽塔。

云居寺始建于隋末唐初，经过历代修葺，形成五大院落六进殿宇。两侧有配殿和帝王行宫、僧房，并有南北两塔对峙。寺院坐西朝东，环山面水，形制宏伟，享有"北方巨刹"的盛誉。

云居寺是佛教经籍荟萃的地方，寺内珍藏的石经、纸经、木版经号称"三绝"。"石刻佛教大藏经"始刻于隋大业年间（605年），是隋代高僧静琬刻写的。隋朝之前的南北朝时期，佛教非常兴盛，也屡次被政府禁毁，这就导致很多佛经失传。而静琬看到南北朝灭佛运动中很多佛经被毁了，但是那些石刻佛经却能保留下来，于是就在山上凿石为室，刻石为

> **知识链接**
>
> 云居寺不仅藏有佛教三绝与千年古塔，而且珍藏着令世人瞩目的佛祖舍利。舍利是佛教名词，意为尸体或身骨。相传释迦牟尼遗体火化后结成了珠状物。1981年11月27日在雷音洞发掘赤色肉舍利两颗，这是世界上唯一珍藏在洞窟内而不是供奉在塔内的舍利，与中国北京八大处的佛牙、陕西西安法门寺的佛指，并称为"海内三宝"。

经，用于保留佛经。唐贞观十三年（639年）静琬逝后，他的弟子玄导、仪么、慧暹、玄法又相继主持刻经事业，历经隋、唐、辽、金、元、明诸朝，延续了一千多年。至明朝末年，一共镌刻佛经1122部、3572卷、14278块。像这样大规模石刻，历史这样长久，确实是世界文化史上罕见的壮举，堪与闻名世界的万里长城、京杭大运河相媲美，是世上稀有而珍贵的文化遗产，被誉为"北京的敦煌"、"世界之最"。

除去"三绝"，云居寺还有很多千年古佛塔。现存的有唐代佛塔7座，辽代佛塔5座。寺的南北有两座辽塔对峙，南塔又称藏经塔，地下有藏经穴，现在塔已经被毁坏了。北塔是辽代砖砌舍利塔，又称"罗汉塔"，始建于辽代天庆年间（1111—1120年）。塔的下部为八角形须弥座，上面建楼阁式砖塔两层，上置覆钵和"十三天"塔刹。这种造型的辽塔，十分少见。塔的四面各建有一座三米多高的小唐塔，为唐景云二年（711年）至开元十五年（727年）间所建。这四座唐塔都有明确的纪年。塔的平面呈正方形，分单檐和密檐式两种，而造型大致相同。塔身上雕刻着各种佛像，其中唐开元十五年（727年）所建的石塔，内壁雕刻有一个供养人，此人深目高鼻，推断应为外

▲云居寺石经地宫

国人形象，这与当时唐代与中西亚交流广泛、大量任用外族人为官有直接关系。雕刻的服饰十分华丽，线条细腻流畅，反映了盛唐中外文化交流的繁盛景象。

"三绝"、千年古塔群、佛祖舍利子，这些都成为云居寺的镇寺之宝。另外，云居寺以其幽静的地理环境，奇特迷人的秀丽风光，蕴涵着浓郁特色的佛教文化，成为人们祈福迎祥之地。

北京灵光寺

我们都知道北京著名的旅游景点八大处。八大处是因为公园内有八座古老的寺庙而得名。而在这八座寺庙之中，始建于唐大历年间（766—779年）的灵光寺，是其中最重要的一座寺院。

灵光寺山门面朝东南，殿中供奉释迦牟尼佛铜胎贴金造像，是泰

▲灵光寺佛牙舍利塔

中国的寺院

国僧王赠送的礼物。灵光寺内原有五处庙堂，现仅存"大悲院"、"鱼池院"、"塔院"三处院落。大悲院中，南有观音殿，北有拜佛堂，东西各有陪房十四间。院西南有一金鱼池，建于清乾隆年间，咸丰年间扩建，原为寺内放生池。

灵光寺中最为有名的当属方丈院中的佛牙舍利塔。据说，释迦牟尼圆寂后，有两颗灵牙舍利留在人间。其中一颗传到了斯里兰卡，另一颗传入中国。传入中国的那颗佛牙舍利，在辽代时建塔供奉。此塔1900年毁于"八国联军"炮火，后寺内僧人在清理旧塔基时发现了供有佛祖释迦牟尼灵牙舍利的石函。

灵光寺，因其特有的佛牙舍利，使其成为全世界佛教僧众顶礼膜拜的地方。

> **知识链接**
>
> 佛牙舍利塔是一座密檐式砖石塔，高51米。塔基用汉白玉石砌成。塔刹为覆钵式喇嘛塔形，上置镏金宝顶。塔身内为7层殿堂，藏有汉、藏、蒙、傣民族经书和佛像、法器。佛牙舍利，就供奉在塔身第一室内的七宝金塔中。

北京第一古刹——红螺寺

红螺寺的历史非常悠久，可以追溯到东晋时期。佛僧国澄在后赵境内修建了大小佛寺893所，红螺寺是其中保存最完整的一座寺院。1663年，康熙帝来过红螺寺，此后建山亭、设御座、植果竹。寺庙规模也扩大到有地产24.33平方千米的程度，有300多僧人，庙场占地方圆4平方千米。千余年来，红螺寺在佛教界一直享有极高的声誉和地位。

红螺寺坐北朝南，依山势而建，布局严谨，气势雄伟。它背靠红螺山，南面就是红螺湖，山环水绕，林木丰茂，古树参天。红螺寺处于红螺山山前的千亩苍翠的古松林之中，形成一幅"碧波藏古刹"

> **知识链接**
>
> 红螺寺位于北京市怀柔县城北部的红螺山，原名"大明寺"。明朝正统年间（1436—1449年）改名"护国资福寺"。因为寺庙所在的山下有一个"珍珠泉"，相传泉水深处有两颗色彩殷红的大螺蛳，每到夕阳西下螺蛳便吐出红色的光焰，所以这座山便得名为"红螺山"，寺庙也就被俗称为"红螺寺"。红螺寺是历代佛家圣地，也是北京气功的发源地，所以有"北京第一古刹"的美誉。

的优美的画卷。有一首非常有名的五言律诗，将红螺寺的美景描绘得淋漓尽致。

夕照红螺寺，竹青涵紫光。
老松藏古刹，新塑显天王。
禅院松萝翠，殿余银杏黄。
高秋当远目，遥念普陀乡。

红螺寺为十方常住寺，是我国北方最大的佛教园林，千年来一直是佛教圣地，寺院内历届主持多由皇家命派，高僧频出，佛法超凡。金代有著名的佛觉禅师，元代有云山禅师，清代际醒（梦东）大师主持红螺寺时，创建了红螺净土道场，佛教更为兴盛。光绪年间，曾有印度僧人来红螺寺修行。

红螺寺内正门台阶两侧各有两株古槐，都有2000多年的树龄了，每棵树的主干最大直径可以达到1.6米。寺内还有生长了近千年的雌雄银杏。这对银杏树也非常神奇，东侧为雌，结果但不开花；西侧为雄，开花但不结果。奇特之处在于西侧的雄性银杏，树高30米，主干四周，生有十株侧干，据说自从唐代栽了这两株银杏以来，每改换一个朝代，就多长出一株侧干。这只是一种传说，但银杏的树龄已在千年以上，则是确

▲红螺寺大雄宝殿前的雌银杏树

切无疑的。大雄宝殿后面的西侧生长有一株树龄数百年的平顶松，树高6米余，有9个分支，平直地伸向东侧的四面八方，下面用十余根木料支撑。平顶松附近，有两株碗口粗的紫藤如龙蛇飞舞一样绕生在松树上，形成一个巨大的伞盖，遮阴面积400多平方米。每年春末夏初，藤萝花如串串紫色珍珠一样，挂满枝头，碧绿的松枝与紫色的藤花相继争奇斗艳，令游人叹为观止。

深厚的历史积淀和文化浸润，奇妙的地理环境和气候条件，成就了红螺寺为一方完美殊胜、绝尘脱俗的"净土佛国"，是人们礼佛拜祖、登山健身、观光游览、怡神静心的好地方。

最高规格寺院——雍和宫

雍和宫是北京非常著名的一个旅游景点。不过很少有人知道，它原来是明代内官监官住的地方。清康熙三十二年（1693年），康熙帝在此建造府邸，赐予四子雍亲王胤禛，称雍亲王府。胤禛也就是后来的雍正皇帝。雍和宫位于北京市东城区内城的东北角，是北京市内最大的藏传佛教寺院。

雍和宫由牌坊和天王殿、雍和宫大殿（大雄宝殿）、永佑殿、法轮殿、万福阁等

▲雍和宫万福阁

三 汉地寺院品读

五进宏伟大殿组成，另外还有东西配殿、"四学殿"（讲经殿、密宗殿、数学殿、药师殿）。整个建筑布局院落从南向北渐次缩小，而殿宇则依次升高，形成"正殿高大而重院深藏"的格局，巍峨壮观。

雍和宫南院伫立着三座高大的碑楼、一座巨大的影壁和一对石狮。过牌楼，有方砖砌成的绿荫甬道，俗名辇道。往北便是雍和宫大门昭泰门，内两侧是钟鼓楼，外部回廊，富丽庄严，别处罕见。鼓楼旁，有一口重八吨的昔日熬腊八粥的大铜锅，十分引人注目。往北，有八角碑亭，内有乾隆御制碑文，陈述雍和宫宫改庙的历史渊源，以汉、藏、满、蒙四种文字书写，分刻于左右碑。

> **知识链接**
>
> 雍正三年（1725年），雍正帝改雍王府为行宫，称雍和宫。雍正十三年（1735年），雍正驾崩，曾在雍和宫内停放灵柩，因此，雍和宫主要殿堂原绿色琉璃瓦改为黄色琉璃瓦。乾隆皇帝就是在雍和宫出生的，雍和宫出了两位皇帝，成了"龙潜福地"，所以殿宇为黄瓦红墙，与紫禁城皇宫一样规格。雍正驾崩后，乾隆九年（1744年），雍和宫改为喇嘛庙，特派总理事务王大臣管理本宫事务。从此，雍和宫开始了它既为皇家第一寺庙，又作为连接中国历届中央政府与内蒙古、西藏等地方的纽带和桥梁的辉煌历史。可以说，雍和宫是全国规格最高的一座佛教寺院。

两碑亭之间，便是雍和门，上面悬挂着乾隆皇帝亲自手书的"雍和门"大匾，相当于汉传佛教的山门和天王殿。殿前的青铜狮子，造型生动。殿内正中金漆雕龙宝座上，坐着笑容可掬、袒胸露腹的弥勒菩萨塑像。大殿两侧，东西相对而立的是泥金彩塑四大天王。天王脚踏鬼怪，表明天王镇压邪魔、慈护天下的职责和功德。弥勒塑像后面，是脚踩浮云、戴盔披甲的护法神将韦驮。

出雍和门，便看到了主殿雍和宫。主殿原名叫银安殿，是当初雍亲王接见文武官员的场所，改建喇嘛庙后，相当于一般寺院的大雄宝殿。殿内正北供三尊高近两米的铜质三世佛像。三世佛像有两组：一组是中为娑婆世界释迦牟尼佛，左为东方世界药师佛，右为西方世界阿弥陀佛。这是空间世界的三世佛，表示到处皆有佛。空间为横向，所以又叫横三世佛。各地大雄宝殿供三世佛的多为横三世佛。雍和宫大殿的三世佛则表示过去、现在和未来的时间流程，说明无时不有佛，即中为现在佛释迦牟尼佛，左为过去佛燃灯佛，右为未来佛弥勒佛。

出雍和宫大殿，便是永佑殿，单檐歇山顶，"明五暗十"构造。"明五暗十"的意思是，外面看是五间房子，实际上是两个五间合并在一起改建而成的。永佑殿在王府时代，是雍亲王的书房和寝殿，后成为清朝供先帝的影堂。永佑是永远保佑先帝亡灵之意。殿内正中莲花宝座上，是三尊高2.35米的佛像，是用檀木雕制的，中间是无量寿佛（即阿弥陀佛），左为药师佛，右为狮吼佛。出永佑殿，便到法轮殿，左右两侧为班禅楼和戒台楼。法轮殿平面呈十字形，殿顶上建有5座天窗式的暗楼，有5座铜质鎏金宝塔，为藏族传统建筑形式。法轮殿是汉藏文化交融的结晶。出法轮殿，便是高25米，飞檐三重的万福阁。其两旁是永康阁和延绥阁。两座楼阁有飞廊连接，峥嵘崔嵬，宛如仙宫楼阙，具有辽金时代的建筑风格。

石景山法海寺

如果问你"法海寺"在哪里，你会不会一下子就想到杭州西湖了呢？但很可惜，这里说的"法海"，并非与白蛇斗法的那个法海和尚。真正的法海寺坐落在北京石景山模式口村，翠微山南麓。

法海寺为明英宗正统皇帝的亲信大太监李童主持修建。相传李童在梦中受仙人的指点，说在京西翠微山麓有一仙境可为佛门圣地。李童就率宫人前来寻找，果然在模式口村北找到蟠龙山麓和古刹龙泉寺。在龙泉寺东边的翠微山麓他们找到一块宝地，这里三面有山环抱。李童请示明英宗后，十分信奉佛教的明英宗下旨在这里修建法海寺。寺建成后，明英宗亲题"敕建法海禅寺"，所以法海寺为皇家寺院。法海寺的寺名"法海"，在《佛学大辞典》上解释为"佛法广大难测，譬之以海"。法海寺坐北朝南，山门殿为天王殿，前院东西有钟鼓楼，院正中为大雄宝殿。法海寺内有著名的"四绝"。即大雄宝

知识链接

法海寺壁画可与欧洲文艺复兴时期的壁画相媲美，在世界同期壁画中占有突出地位。特别是在壁画制作与保存技法上，欧洲15世纪的壁画多有不同程度的脱落和剥裂，而我国法海寺壁画基本完好如初。

殿内著名的明代壁画、殿外两棵明代的巨大白皮松"白龙松"、铸有汉文梵文的大铜钟和曼陀罗藻井。

法海寺大雄宝殿的明代壁画是驰名于世的，堪称"国之瑰宝"，得到了文物界和美术界专家的一致认可。法海寺大雄宝殿内的壁画都是采用工笔重彩画法，笔法细腻，用色考究。殿内有大幅彩绘壁画十幅，有"佛会图"两幅、"祥云图"三幅、"三大士图"三幅、"礼佛护法图"两幅。其中水月观音像被我国美术界认为是佛教绘画中的珍品。其画像面目端庄如月，显得大慈大悲。尤其是水月观音的披衫，线条精细，显得薄如蝉翼，给人以清新明净之感，更觉观音的慈悲可亲。

▲法海寺内的壁画

壁画分布在殿内墙壁上，共有9幅，佛龛背壁的3幅，画的是水月观音、文殊和普贤菩萨。水月观音面目端庄慈祥，身披轻纱，花纹精细，似飘若动。东西墙上，画的是传说故事中的天帝、帝后、天王、信女、力士和童子等，共有35个人物，高的近2米，低的只有50厘米，并有祥云、花卉、动物等衬托。殿北两幅，为"礼佛护法"，有30多个人物，刻画生动，肌肉、服饰都富有质感。这些壁画是明朝宫廷画士和民间画士精心绘制的，具有很高的艺术水平，至今虽已500多年，仍色彩鲜明。

全殿九幅壁画共绘人物77个，既有男女老幼，又有佛神鬼怪，且姿态各异，神情不一。所绘人物、神怪、禽兽和草木等，不仅形象真实美好，而且生机盎然，和谐明快，组成了一幅幅或庄严肃穆，或清新明净的佛国仙境画面。所绘帝王气宇轩昂，神态威严，妇女则仪容丰满、美丽、温柔。至于天王、金刚和力士，不仅绘出了勇猛威武的神态，而且还充分表现了皈依释迦牟尼佛的无限诚心。壁画的人物服饰和装束华丽多彩，千姿百态：妇女梳各种样式发髻，戴各式首饰、璎珞、钏镯和花朵；男人穿戴不同式样冠帻、衣衫和盔甲，衣服上绘团凤、龟背、团鹤、宝相花、菊花和凤戏牡丹等图案；童子则梳发辫，活泼天真。通过细致入微的绘画技巧，从生理特征上，使人们易于分出他们的性别年龄；从服饰、发式和行动举止及构图关系上，又可鲜明准确地分辨出他们的身份地位，充分体现了画工们非凡的艺术才能。

这些精美绝伦壁画的作者，从法海寺附近一块明正统九年（1444年）甲子冬日太监李福善等立的楞严经幢上发现，除了瓦匠、石匠、雕花匠、妆艺匠、嵌金匠等各色工匠的名字外，还有捏塑官陆贵、许祥，画士官宛福清、王恕，画士张平、王义、顾行、李原、潘福、徐福要等人的题名。北京法海寺壁画能够以其精湛的绘画艺术、高超的制作工艺和鲜明的时代特色补充这一缺憾，弥足珍贵。

北京西山卧佛寺

每年到了红叶纷飞的季节，北京香山就成为人们争相欣赏秋景的去处。而坐落在香山脚下的卧佛寺，也成为人们青睐的旅游景点。卧佛寺，正名"十方普觉寺"，位于北京西山北的寿牛山南麓香山东侧，寺内供奉着一尊体量巨大的铜铸卧佛，闻名遐迩。

卧佛寺其他的建筑，与前面提到的很多汉传佛教建筑并没有很大的区别，而卧佛殿是其最有特色的地方。

卧佛殿是全寺的中心建筑，大殿占地196平方米。殿门上有慈禧太后书写的"性月恒明"匾，意思是佛性如月亮，明亮兴辉永照。进入大殿，在殿的正面墙上挂一块乾隆皇帝题写的"得大自在"横匾，意思是"得到人生真义也就得到最大自由"。殿内最引人注目的当属一尊巨大的铜卧佛，佛身长5米多，重约54 000千克。铜佛作睡卧式，头西

> **知识链接**
>
> 卧佛寺始建于唐贞观年间（627—650年），原名"兜率寺"。"兜率"是梵文译音，意为"妙足"、"知足"。以后历代有废有建，寺名也随朝代变易有所更改。元朝时铸一尊释迦牟尼铜卧像置于寺内，同时更名寿安山寺。清朝雍正十二年（1734年）改称十方普觉寺。但因寺内的卧佛，人们还是习惯称此寺院为卧佛寺。

面南侧身躺在一座榻上，左手平放在腿上，右手弯曲托头部，体态自然，相传这是释迦牟尼在印度涅槃时的姿势。旁边站着12尊小佛像，是他的12个弟子。他们的面部表情沉重悲哀，构成一幅释迦牟尼向12弟子嘱咐后事的景象。

▲卧佛寺卧佛殿

卧佛寺内还种有几株娑罗树，每逢春末夏初之际，百花盛开，花朵如同无数座洁白的小玉塔倒悬枝叶之间，给寺院增添了一种别样情致。

独乐寺

山门坐北朝南，山门的屋顶为五脊四坡形，古称"四阿大顶"，这是我国现存最早的"庑殿顶"山门。正脊两端的鸱吻，鱼尾翅转向内，与明、清寺院建筑的大吻龙尾翻转向外不相同，是我国较早的鸱尾实物。南面檐下正中，悬有"独乐寺"匾额，相传是明代奸臣严嵩的手笔。

山门中间是门道，两厢分别是哼、哈二将塑像，威武雄壮；两边山墙上都有彩画，华而不俗。走过山门就看到了观音阁，阁上的匾额"观音之阁"是唐朝著名的诗人李白在52岁北游幽州时所题写的。观音阁中间的观音像高16米，头上还有10个小头像，所以还被称为11面观音。

观音阁后的八角小亭名"韦驮亭"。韦驮是佛祖的护法神。韦驮原为古印度婆罗门教天部神，在佛涅槃时，捷疾鬼盗取佛牙一双，韦驮急追取回，后来便成为佛教中的护卫天神。亭内韦驮像，身着盔甲，表情肃穆，双手合十，怀抱金刚杵。据说韦驮的不同姿势对于行脚僧而言有着不同的意义，只要看见寺内的韦驮像双手合掌，表示寺庙里欢迎，路过和尚尽可大摇大摆进

珍藏中国 中国的寺院

去，白吃白住；要是握杵拄地，表示寺庙不欢迎挂单和尚。以往看到的韦驮像一般都在天王殿或大雄宝殿里，而单独给韦驮设亭的寺院在中国还是十分罕见的。

▲独乐寺观音阁

报恩院前殿为弥勒殿，正中供奉一尊铜制弥勒菩萨像，两边为我国历史上有名的四大疯僧塑像，分别是寒山、普化、风波和济公，这种布局在全国寺院中实属罕见。报恩院的后殿是三世佛殿，里面供奉着三世佛，即东方净琉璃世界的药师佛、娑婆世界的释迦牟尼和西方极乐世界的阿弥陀佛。东西配殿分别是文殊殿和普贤殿。

另外，独乐寺里面还有一座皇家行宫，建于乾隆十八年（1753年），又称乾隆行宫，是清代皇帝去东陵谒陵途中休息的地方，也是天津地区仅存的一处行宫。乾隆之后的皇帝都来过独乐寺行宫，并留下了大量赞美独乐寺的诗篇。其中，乾隆御笔碑刻共28块，诗文107篇，是乾隆皇帝临摹王羲之、颜真卿、苏轼、黄庭坚、米芾、蔡襄、赵孟頫、董其昌、文征明、唐寅等名人书法，行草楷不同、大小字不等，或粗犷苍劲，或圆润秀丽，不仅是乾隆皇帝的书法真迹，而且是历代书法大家作品的汇集，弥足珍贵。碑文又分御笔临和御笔两种，御笔临有《艇子新浮水》（临文征明）、《朝辞白帝》（临赵孟頫）、《朱阑画柱》（临苏东坡）等，笔法和神韵均堪称一绝。御笔有《敖不可长》、《金刚四句》、《大学圣经》、《秋兴八首》等，或苍劲挺秀、或行云流水。很多作品反映了乾隆皇帝受佛、道、儒家思想影响所持的中和、平常的修身之道。碑刻现镶嵌于行宫回廊内。

另外，蓟城还有一座白塔。白塔与独乐寺是古蓟城的瑰宝，它们两者在布局上不仅有着密切的关系，而且也是千余年前蓟县城市规划设计的重要标志。1932年，我国著名建筑学家梁思成先生等人来蓟县考察时，除对独乐寺进行详细勘测外，对白塔也进行了考察，以先生慧眼，观察出独乐寺、白塔和蓟洲古城的关系，借十一面观音之眼，看出寺、塔、城的规划设计构思，作

> **知识链接**
>
> 独乐寺，俗称大佛寺，位于天津蓟县城内西大街。传说唐朝时，安禄山起兵叛唐，就是在此誓师的。因为安禄山想做皇帝，而且他不像李世民那样重视人民，只为了自己享乐，"思独乐而不与民同乐"。因此，这座寺庙也就被称为"独乐寺"。
>
> 独乐寺，已经有1000多年的历史。一千多年来，屡经战乱，甚至还经受了1976年的唐山大地震。但独乐寺依旧安然无恙。梁思成先生说："在蓟县人民心中，实为无尚圣地。"

了高度的评价。他在《蓟县观音寺白塔记》一文中说："登独乐寺观音阁上层，则见十一面观音，永久微笑，慧眼慈祥，向前凝视，若深赏蓟城之风景幽美者。游人随菩萨目光之所之，则南方里许，巍然耸起，高冠全程，千年来作菩萨目光直焦点者，观音寺塔也。塔之位置，以目测之，似正在独乐寺之南北中线上，自阁远望，则不偏不倚，适当菩萨之前，故其建造，必因寺而定，可谓独乐寺平面配置中之一部分；广义言之，亦可谓为蓟城千年前城市设计之一著，盖今所谓'平面大计划者也'。"

净觉寺

净觉寺位于河北省玉田县城东南40千米的蛮子营村东，寺名取"佛教净业觉悟真空"之意，是一座规模较大、布局严谨、结构奇特、独具风格的寺院。净觉寺北依燕山，南临浭水，环境、风水俱佳。寺院占地66666.67平方米，主要建筑有三殿（门殿、正殿、后殿）三楼（碑楼、钟楼、鼓楼）。全部建筑布局严谨，主次分明，建筑工艺精湛，是一组富有民间色彩的砖雕及木雕结构建筑。

三殿内雕梁画栋，金碧辉煌。门殿没有房梁，是单檐歇山顶，拱券式石门，两侧石砌圆窗，砖雕斗拱。正殿是砖石结构，重檐歇山式建筑。正殿内

有清代泥塑的"哼、哈"二将，神态逼真，呼之欲出。正殿雄伟壮观，除绘壁画外，还在内侧墙壁，按照历史戏剧故事，塑造出的许多泥俑。后殿建筑形式同正殿基本相似。四大独根的柱子，有盘龙浮雕，栩栩如生。三大殿都是琉璃瓦顶，殿脊高耸，雕刻精细，龙凤双飞，极富立体感。整个建筑群玲珑剔透，独具匠心。

碑楼位于前殿、正殿中轴上，内外有清代石碑数通。碑文是我国文物瑰宝。一块古老的清代碑记载着净觉寺是河北省诣然法师重修净觉寺的功德。另有其他功德碑8块。碑楼西为鼓楼，东为钟楼，分布有次。东、西角门制作独特、美观、以门栏为中轴线，一半是砖石结构，一半是木结构；一面雕龙，一面刻凤，故有"龙凤门"之称。这种龙凤图腾是民间少有的。

整个寺院建筑彩绘壁画技艺精湛，石刻雕塑栩栩如生，碑文书法更是令人赞叹不已。此外，寺院中还种植了很多柏树，使古刹显得生气勃勃。

普宁寺

承德避暑山庄，是人们消闲纳凉的好去处。而作为承德避暑山庄名片的，就是普宁寺那高大巍峨的建筑。普宁寺又称大佛寺，位于河北省承德市避暑山庄东北，是避暑山庄外八庙中最为完整、壮观的寺庙建筑群，是中国北方最大的宗教活动场所。

普宁寺坐北朝南,建筑在山坡之上，占地面积33000平方米，吸收并融合了汉传佛教和藏传佛教寺院的建筑格局，全寺大体上可以分为南北两大部分。

南部分为汉传佛教"七堂伽蓝"式布局。主要建筑有山门、碑亭、天王殿、大雄宝殿等殿堂，两侧为钟鼓楼和东西配殿。北部分为藏传佛教寺庙建筑，主要建筑为大乘之阁。

山门是普宁寺的前门，山门前有乾隆帝御赐的"普宁寺"三字。山门是一座宽为五间的门殿，门内供有守护佛法的二天神，俗称哼、哈二将，手持金刚杵，护持佛法左为密执金刚，右为那逻延金刚。院落正中为碑亭，碑亭内矗立着《普宁寺碑》、《平定准噶尔勒铭伊犁之碑》、《平定准噶尔后勒铭伊犁之碑》三通，分别用满、汉、蒙、藏四种文字记载。碑亭北为天王殿，殿内主供有布袋和尚、四大天王，以及护法神韦陀像。

南部的主体建筑大雄宝殿又称为"九脊十龙"殿，大殿正中供奉三世佛，中间是现世佛释迦牟尼，左侧为前世佛燃灯佛，右侧为未来佛弥勒佛，木雕而成。两侧山墙石坛上各列十八罗汉。殿内墙上绘有彩色佛教故事壁画，工笔细腻，形象逼真。其中"金龙和玺"与"六字真言和玺"彩画在古建彩绘中更别具一格。东西配殿面阔五间，进深三间，单檐歇山顶。殿内原有500罗汉塑像，现仅存200余尊。

北部的藏传寺院建筑群，修建在一座九米多高的台基上。中央为大乘之阁，象征着佛的世界，这是中心。阁的东西南北又有四大部洲殿和八小部洲殿。日光殿与月光殿在东西相陪，四个角又有四座吉祥喇嘛塔，组成了佛国宇宙世界的须弥山。

大乘之阁总高37.4米，依山形地势而建，建筑格局变化自然，前出六层檐，东西五层檐，内部四层，古建筑艺术家称之为国内外罕见的古建筑艺术珍品。阁内正中矗立着一尊金漆木雕千手千眼观音菩萨，高22.28米，重110000

▲普宁寺

千克，这尊木雕高大雄伟，比例匀称，雕工精细，是世界上现存最大的木雕像，已被列入吉尼斯世界纪录。这尊菩萨像是用松、柏、榆、椴、杉五种木材制成，莲花座上的观音菩萨双手合十，背上有四十余只手，每只手上都有眼睛，并且各持法器一件。其造型庄严与慈善并举，纹理流畅通透，实为中国雕塑艺术的杰作。

知识链接

普宁寺建于清乾隆二十年（1775年）。当时，清政府平定了新疆蒙古族准噶尔部的叛乱。为了庆祝这次平叛的胜利，清政府在承德避暑山庄为厄鲁特四部（准噶尔、杜尔伯特、辉特和硕特）上层贵族设宴封爵，因为清王朝政府信奉藏传佛教，所以仿照西藏的桑鸢寺，在山庄北部修建了清王朝第一座皇家寺庙普宁寺。普宁寺取天下太平、永远安宁之意。普宁寺的修建和取名都表明清政府希望天下永远太平统一、人民安居乐业的愿望。

承德普乐寺

普乐寺位于河北省承德市避暑山庄武烈河东岸，是一座具有汉、藏建筑风格的佛教寺院。全寺建筑融合了汉族和藏族的建筑风格。

普乐寺依山而建，坐西朝东，为一长方形建筑，东西长195米，南北宽93米，占地24 000平方米，共分为前后两大部分。前一部分为典型的汉式寺院建筑，中轴线上的主要建筑有山门、天王殿、宗印殿等。普乐寺山门为单檐歇山顶，中辟大门，左右有旁门。门内两侧是钟楼和鼓楼。天王殿的布局与普宁寺大体相同，单檐歇山顶，布瓦绿剪边，内供四天王、大肚弥勒和韦驮像。宗印殿是前院的正殿，面阔七间，进深五间，重檐歇山顶，殿脊用彩色琉璃瓦拼合成云龙图案，脊正中有大型琉璃宝塔。殿侧有琉璃"八宝"浮雕。殿内供释迦尼佛、药师佛、阿弥陀佛。三尊佛后各蹲着护法神——一只大鹏金翅鸟。两侧有八大菩萨塑像。南面自东而西为文殊菩萨、金刚手菩萨、观世音菩萨、地藏王菩萨；北面自东而西为除后障菩萨、虚空藏菩萨、弥勒菩萨、普贤菩萨。

三 汉地寺院品读

▲承德普乐寺

普乐寺的后部分融入了藏式的风格，是一个典型的藏传佛教建筑群。曼陀罗是全寺集会讲道祭祀之所，又叫阇城或坛城。普乐寺共分三层，主殿称"旭光阁"，重檐圆顶，类似北京天坛祈年殿，阁内顶部置圆形藻井，龙凤图案，龙凤藻井中心雕金龙戏珠。藻井采用层层收缩的三层重翘重昂九踩斗拱手法，雕工精细，金光闪闪，具有极高的艺术价值，是木雕中的上品。须弥座上为国内最大的立体曼陀罗模型，由37块木料组合而成，象征释迦牟尼的三十七种学问。"曼陀罗"上有一尊铜制的藏传佛教的佛像，即"上乐王佛"，又称"欢喜佛"，是藏传佛教密宗最高修炼形式，是藏密五部金刚大法本尊之一，为国家一级保护文物。

此外，在寺院西门殿内立有乾隆御碑一座，上刻《普乐寺碑记》，记述了兴建普乐寺的目的、经过和意义，这也是普乐寺极为宝贵的文物。

知识链接

普乐寺建于1766年，俗称圆亭子，是清朝为安置归顺的哈萨克、布鲁特族而建。当时，清朝政府彻底平定了准噶尔部贵族的叛乱，使生活在巴尔喀什湖一带的哈萨克族和生活在葱岭以北的东西布鲁特（柯尔克族）从此摆脱了准噶尔叛乱势力的压榨和欺凌。为了表示对西北各民族宗教信仰的尊重，进一步加强中央政权的统治，乾隆皇帝决定修建这座庙宇，敕赐"普乐寺"，意为天下统一、普天同乐。因此可说，普乐寺的修建，是各民族团结的象征，受到各族人民的爱护和崇仰。

珍藏中国 中国的寺院

三 承德殊像寺

　　殊像寺位于河北省承德市避暑山庄的北面，狮子园北麓。寺内建筑充满了五台山寺院的韵味。与其他寺庙不同，这座寺庙主要是供奉文殊菩萨的，所以名叫"殊像寺"。

　　当时有乾隆皇帝出生承德狮子园传言，进而有人就附会传说乾隆皇帝是文殊菩萨转世。回到北京后，乾隆皇帝命人在香山修宝相寺一座。十年后，也就是乾隆三十九年（1774年），乾隆又特命内务府仿照五台山殊像寺现制，按香山文殊相貌在承德修建这座寺庙，来供奉文殊菩萨。殊像寺落成时，乾隆参加瞻礼，并作诗道："殊像全规台庙模，撰辰庆落礼曼殊。金经蒙古犹常有，宝帙皇朝可独无？译以国书宣白业，习之修士翊浮图。虽然名实期相称，师利应嗤谓是乎。"因为该寺院的喇嘛皆为满族人，所以清朝政府称殊像庙为家庙。

　　殊像寺山门面向南，里面供奉着护法神哼、哈二将。山门前左右有一对石狮子，两侧还有一对腰门。天王殿位于山门以北，中三间设歁门，稍间开

▲殊像寺

欢窗，殿两侧有腰墙。会乘殿位于寺院的中心，是殊像寺中的一座重要建筑。大殿黄色琉璃瓦金碧辉煌，殿内供奉文殊菩萨、观音菩萨和普贤菩萨像。骑在青狮上的文殊菩萨，正在讲经说法，显得十分智慧威猛，是现存佛像中不可多得的瑰宝。在菩萨两侧为楠木塔和杉木经格。楠木塔为八角三层，高两丈，木塔内有304尊佛龛。过去，龛内原有铜镏金佛像304尊，只可惜现在佛像早已被盗了，只有木塔还保存在那里。

> **知识链接**
>
> 殊像寺建于清乾隆三十九年（1774年）。据寺内碑文记载，乾隆二十六年（1761年），乾隆皇帝陪母亲到山西五台山文殊菩萨道场——殊像寺进香，见文殊妙相庄严，令人起敬，"默识其像以归"。佛经中有"东方主尊菩萨是文殊，有时现比丘像，有时现国王像"的说法。而"文殊"又译"曼殊"，"曼殊"与"满洲"音近，在西藏达赖喇嘛进丹书时，称清朝皇帝为"曼殊师利大皇帝"。

寺院的后部分采用庭园布局的手法，大规模的叠砌假山，散植松树，创造了自己独特的风格。后部分的主要建筑为象征着五台山的假山。假山分为两层，中间有石级相连。上层山上建有一座亭楼，叫做清凉楼。清凉山是五台山的别名，此处的楼就以清凉命名。清凉楼内供奉着文殊菩萨像。下层山上建宝相阁。宝相阁又名"净名普现"，重檐八角，黄琉璃瓦顶绿剪边，正东、西、南、北四面设门。宝相阁内石制的须弥座上，有高11.6米的木雕文殊菩萨骑狮的雕像，传说是按乾隆容貌塑造的。两侧有两个力士像，各高3米。宝相阁前东、西有配殿各三间，东为云来，西为净雪。

这里的假山、楼、阁都深含五台山的意境。

隆兴寺

隆兴寺位于石家庄市正定县城东门里街，是国内现存时代较早、规模较大而又保存完整的佛教寺院之一。始建于隋代，初名龙藏寺，民间又俗称"大佛寺"。

目前，隆兴寺占地82500平方米，布局与建筑保留了宋代风格，主要建筑分布在南北中轴线上及两侧。主体建筑为大悲阁，五檐三层，高33米。阁内正矗立着高大铜佛铸像，这就是闻名遐迩的千手千眼观音正定大菩萨。由于佛像超高，所以采取自下而上，分段接续铸造。第一段铸莲花座，第二段浇至膝部，第三段浇铸至顶部。工程浩大，工序复杂，比承德外八庙普宁寺大乘之阁的观音木雕像难度要高得多。它是北京周边地区4尊大佛之一，即北京雍和宫大佛、天津蓟县独乐寺大佛、承德普宁寺大佛。寺内尽端的毗佛殿，创建于明代。殿内有铜铸的毗卢佛像，设计精巧，造型奇特，是国内孤例。佛像整体分三层莲座，每层四尊铜像，各向一方，相背坐于莲座中央。

▲隆兴寺宋代铜铸千手千眼观音菩萨

莲座的第一莲瓣上刻一小佛，共计大小佛像1 072尊。寺前迎门有一座高大琉璃照壁，经三路三孔石桥向北，依次是天王殿、大觉六师殿(遗址)、摩尼殿、戒坛、慈氏阁、转轮藏阁、康熙御碑亭、乾隆御碑亭、御书楼(遗址)、大悲阁、集庆阁(遗址)和弥陀殿等。寺院东侧的方丈院、雨花堂、香性斋，是隆兴寺的附属建筑。隆兴寺整个寺院除了两座碑亭以外，几乎全是宋代建筑物，是我国目前仅存的宋代建筑范例之一。

隆兴寺因为创建年代久远，寺内碑碣林立，最珍贵的一件当推龙藏寺碑，为隋开皇六年（586年）恒州刺史鄂国公为国劝造龙藏寺碑，碑身楷书30行，一行50字。碑文记述了恒州刺史王孝奉命劝奖州内士庶万余人修建龙藏寺的经过。书法苍劲有力，上承南北朝书法艺术的遗风，下开盛唐诸家书法之先河，在中国书法艺术史上占有重要地位。

摩尼殿北侧一座五彩悬塑的主体塑像，乍看之下，它最吸引人的便是跷起二郎腿的姿势。它的眼睛往下朝我们看，只微露笑意，似乎不为人来人往所动，一派闲适自若、怡然自得的写意样子。塑像高有3.4米，但是离地也有三四米，因此看来也就和真人一般大小。根据碑文记载，这像是在明朝嘉靖年间重塑，距今也近500年。梁思成曾于1933年把它拍成照片送给鲁迅。鲁迅先生视它为珍宝，赞美它为东方美神，还一直把照片放在书桌上，今天在北京的鲁迅故居仍然陈列着。

鲁迅眼里的"东方美神"，是否就称得上是中国最美的观音，似乎不容易有定论，但是它确实让人对菩萨塑像的感觉有了改观。看它头戴宝冠，项饰璎珞，帔巾自肩下垂，身着红色长裙，打扮确实不像凡人。然而见它右腿屈起搁在左腿，右手搭于左腕抱住右膝，头微右侧，身略前倾，却又与凡人姿态无异。

辽宁、内蒙古寺院

辽宁义县奉国寺

辽宁奉国寺又名大佛寺、七佛寺,位于辽宁省义县城内东街,有世界上最大的纯木质结构佛殿,寺内保存的辽代建筑、辽代彩色泥塑像和元代壁画,极为珍贵。"古刹千年神州第一殿,巨佛七尊华夏无二家。"说的就是奉国寺。

大雄宝殿是奉国寺的主体建筑,也是国内辽代木构遗迹中面积最大的建筑,被誉为"中国第一大雄宝殿"。殿内主供着著名的七尊大佛,为辽代所塑,左起依次为迦叶佛、拘留孙佛、尸弃佛、毗婆尸佛、毗舍浮佛、拘那含牟尼佛、释迦牟尼佛。佛像都端坐于须弥座上,通高9米以上。正中的毗婆尸佛合座高达9.5米。每佛前左右各有一协侍相对而立,高2.5米。奉国寺的这七尊佛,在民间还有个美丽的传说:

相传,奉国寺中供奉的七尊大佛,本来是姐妹七人。她们个个美貌非凡,而且心地善良,心灵手巧。东家的婆婆病了,她们服前侍后,端汤喂药;西家的公公衣服破了,她们浆洗缝补;就是讨饭的路过,也要茶饭相待,临走还要送些衣食盘缠……当地的人们都称她们是七仙女,一提起她们没有不竖大拇指的。

平日,这姐妹七人轮流做饭。有时不小心,淘米时常把米粒掉在泔水缸里,有时还把剩饭扔进缸里。这让她们的妈妈知道了。有一天,妈妈指着泔水缸对七妹说:"你看看,这里面糟蹋了多少粮食

▲奉国寺内的七尊大佛

啊!"七妹听了,脸红了。

当天晚上,七妹就把妈妈的话说给六位姐姐听了,六位姐姐都觉得妈妈的话在理,姐妹七个一合计,决定把泔水缸里的米粒和剩饭都淘出来。第二天一大早,姐妹七人淘的淘,冲的冲,不一会儿就把米粒和剩饭磨成了面,七姐妹背着妈妈,悄悄地吃了。

七姐妹所做的事情,让过路的天神知道了,就把这些事情告诉了玉皇大帝。玉皇大帝很感动,决定收这七姐妹成佛。

有一天,七妹到河边为一位老公公捶洗衣服,忽见一位白胡子老头随着一阵轻风从天而降。七妹正觉奇怪,只听老头开口道:"吾乃玉皇大帝的使者。玉皇大帝和各路神仙为你们七姐妹的善举所感动,决定收你们为佛。明天正午时分,天鼓响时,你们就会成佛了。"老头说完,就不见了。七妹是亲耳所听,亲眼所见,知道不是在做梦,回去后就把此事告知了六位姐姐。

六位姐姐听了,知道往后就再不能亲手为乡亲们做事了。于是,当天夜里,七姐妹一夜没睡,给乡亲们做了许多鞋袜衣裤,一直做到天亮,才把做完的东西分送到各家各户。

事情做完了,七姐妹看看时辰不早了,赶紧梳洗打扮。就在这时,天近午时,只见西北天空乌云翻滚,雷声一阵比一阵大。正午,天鼓响了,六位姐姐都已归位坐好。只有七妹,因为光顾帮助姐姐们梳妆打扮了,衣服刚刚穿上一半,玉皇大帝就把她们一块儿收成佛了。现在,在大佛寺里还能看到一个穿着半截衣服的佛像,就是传说中的七妹,其余六尊是她的姐姐。

在奉国寺大殿梁架和斗拱上有辽代彩画,四壁有元代壁画,

> **知识链接**
>
> 奉国寺始建于辽代开泰九年(1020年),是辽朝圣宗皇帝时建造的。圣宗皇帝名叫耶律隆绪,他为了加强对国家的控制,自称释迦牟尼转世。他在母亲萧太后故里建了一座寺院,也就是后来的奉国寺。刚建的时候,取名为咸熙寺,金代改称大奉国寺,是国内现存辽代三大寺院之一。奉国寺初建时规模宏大,据寺内碑刻记载:"宝殿穹临,高堂双峙,隆楼杰阁,金碧辉焕,潭潭大厦,楹以千计。非独甲于东营,视佗郡亦为甲。"后因战火破坏,奉国寺损毁严重,寺中的建筑,除大雄宝殿为辽代遗物外,山门、牌坊、无量殿、大雄殿西跨院等,都为清代遗物。

历经近千年，而彩绘至今清晰可见。

大雄宝殿是辽代佛教建筑的最高成就，代表了11世纪中国建筑的最高水平。对此，建筑学家梁思成赞誉其为"千年国宝、无上国宝、罕有的宝物"，文物专家杜仙洲称"大奉国寺大雄宝殿木构建筑，千年仍平直挺健，是我国建筑史一项极为光辉的成就"。古建筑史学家曹汛也说："大殿九间是佛教建筑顶了天的极限。全国古刹千百座，大奉国寺大雄宝殿是穷极伟丽的。"学者周德仓发表文章给予极高的赞誉："在相当长的历史时期，中国东北地区并不是中华文化中心，但是，奉国寺却以它突出的特色和完美的遗存，使辉煌的中华文化通过建筑、雕塑、彩绘等艺术形式展现给世人。"

此外，在大雄宝殿的后门处，有一尊彩色泥塑观音像，为明代遗物。在大雄宝殿的两侧，还有金、元、明、清修庙记碑十一座。其中清乾隆五年所立的"大雄宝殿"、"法轮天地"和"滋润山河"是中国最大的木制透雕牌匾，被誉为"中华名匾"。

包头五当召

在内蒙古包头市东北约70千米的五当沟内，坐落着一处气势宏伟、建筑规模盛大的寺院，那就是五当召。

五当召最早建于清朝康熙年间，藏语称为巴达嘎尔庙，巴达嘎尔意思是白莲花。这座庙最早是蒙古鄂尔多斯左翼前旗王公主持兴建的。乾隆十四年（1749年）扩建，乾隆帝赐名为"广觉寺"。经过二百多年不断增修、扩建始具今日规模。现寺内建筑，多为清代遗物。现存主要建筑为六大殿（苏古沁独贡、却依拉独贡、洞阔尔独贡、当圪希德独贡、阿会独贡、日木伦独贡）、三座活佛府（东科尔府、甘珠尔府、章嘉府）和一座安放历代活佛骨灰灵塔的苏波盖陵组成。整个建筑采用西藏式建筑风格，平顶方形楼式结构，结构严谨，布局合理，映照在蓝天、青山之下的白色外表，更显辉煌耀眼。五当召建成后一直香火旺盛，信徒云集，最兴盛时期喇嘛有1200多人，在蒙藏地区有很高的声誉。

五当召各宫是喇嘛们念经、拜佛、集会、说法和举行宗教仪式的场所，功能相当于今日的学院。其中，苏古沁独宫位置最前，也是召内最大的建筑

三 汉地寺院品读

> **知识链接**
> "五当"在蒙古语中意柳树,"召"在藏语里是寺庙的意思。"五当召"的意思是寺庙建在柳树沟内。五当召是内蒙古最大的藏传佛教寺院。

物,为大讲堂,里面供奉着最大的铜铸佛像,以及释迦牟尼、黄教创造人宗喀巴及历代佛师。却依拉独宫为佛教哲学学部。洞阔尔独宫是天文地理学部,此处并兼考场。阿会独宫为医学学部。日木伦独宫为历史与教规学部。其中,在却依拉独宫中有全区最大的弥勒佛铜像,日木伦独宫中有全区最大的宗喀巴铜像,这些都是五当召中最为珍贵的文物。

五当召内殿宇规模宏大,均为典型的藏式建筑群。殿内塑像俱全,壁画绚丽,唐卡(卷轴佛画)夺目,各殿各有特色,殿内雕像造型奇瑰,制作精美,金光夺目。

远观五当召,平顶白楼,依山而建,重重殿堂,层层楼阁,随坡势而增高,布局协调,浑然一体,整个殿宇掩映在苍松翠柏间,与蓝天白云相辉映,显得富丽堂皇,光彩夺目,格外壮观,可与青藏地区的古刹名寺相媲美,素有"东方小布达拉宫"的美誉。

▲包头五当召

豫鲁晋寺院

中国第一古刹——白马寺

明月见古寺，林外登高楼。

南风开长廊，夏日凉如秋。

这是唐代诗人王昌龄笔下的白马寺。

白马寺位于河南省洛阳市城东12千米处，号称"中国第一古刹"，是佛教传入我国后修建的第一座佛教寺院。建于东汉明帝永平十一年（68年），距今已有近2 000年的历史。各殿内的佛像大多是元代用干漆制成的，特别是大雄宝殿的佛像，是洛阳现存最好的塑像。

白马寺的修建，与我国历史上有名的"永平求法、白马驮经"紧密相连。

东汉永平十年，汉明帝刘庄夜寝南宫，梦见一位神仙，神仙的身体被光环绕，轻盈地从远方飞来，降落在御殿前。汉明帝非常高兴。第二天，他把自己的梦告诉群臣，并询问是何方神圣。太史傅毅告诉汉明帝：听说西方天竺（印度）有位得道的神，号称佛，能够飞身于虚幻中，全身放射着光芒，皇上您梦见的大概是佛吧！于是明帝派使者去西域，访求佛道。三年后，他们把两位印度僧人摄摩腾和竺法兰带回洛阳，并用白马驮回一批经书和佛像。汉明帝躬亲迎奉，下令在洛阳建造一座寺院，以安置德高望重的印度名僧，珍藏他们带来的宝贵经像等物品。为铭记白马驮经之功，遂将寺院命名为"白马寺"。

白马寺坐北面南，占地面积四万多平方米。主要建筑有山门、天王殿、大佛殿、大雄殿、接引殿和毗卢殿。白马寺中不仅有宏伟、庄严的殿阁和生动传神的佛像，而且还

> **知识链接**
>
> 白马寺中种有许多石榴树。这些石榴汉魏时就曾誉满京师。石榴原产于安息（今伊朗），在汉代同佛经、佛像一起传入中国。当时人们赞美石榴，把它作为中外人民交往的标志。白马寺的石榴，更有"白马甜榴，一实值牛"的说法。

有许多包含生动历史故事的景物。

寺大门左右两侧，有两只石马，大小和真马相当，形象温和驯良。这两匹石雕马，是宋代石刻艺术品的优秀代表。

白马寺的山门为明代所重建，为一并排三座拱门，代表三解脱门，佛教称之为涅槃门。山门内大院东西两侧茂密的柏树丛中，各有一座坟冢，这就是有名的"二僧墓"。这两座墓冢的主人便是来汉传经授法的两位高僧。在清凉台上还有两位高僧的塑像。它们寄托着中国佛门弟子对两位高僧的敬慕之情。

寺内的第一层大殿是天王殿，是元代建筑，明清两代均重修，为一座单檐歇山式建筑，因殿内两侧供奉着四大天王像，故名天王殿。正脊中央饰圆形"佛光"，"佛光"两旁雕龙塑莲，两端饰鸱尾，脊正面有"风调雨顺"、背面有"国泰民安"四字。殿中间供奉的是一尊满面笑容、赤脚打坐、右手持念珠、左手握布袋的弥勒佛。

▲白马寺前石马

天王殿后是大佛殿，殿脊前部有"佛光普照"、后部有"法轮常转"各四个字。殿的中央供奉着三尊塑像：中间是佛教的创始人释迦牟尼佛，他"大慈大悲，大智大觉，法力广大"，所以此殿名"大为佛殿"。释迦牟尼左旁站立的是摩诃迦叶尊者，右旁为阿难。这三尊像构成了"释迦灵山会说法像"。这取材于一个佛教禅宗典故：据说有一次释迦牟尼在灵山法会上面对众弟子，闭口不说一字，只是手拈鲜花，面带微笑。众人十分惘然，只有摩诃迦叶发出了会心的微笑。释迦牟尼见此，就说："我有正眼法藏，涅槃妙心，实相无相，微妙法门，不立文字，教外别传。"这样，摩诃迦叶就成了这"不立文字，教外别传"的禅宗传人，中国佛教禅宗也奉摩诃迦叶为西土第一祖师。白马寺大佛殿的"释迦灵山会说法像"就是根据此传说塑造而成的。三尊旁边还有手拿经卷的文殊和手持如意的普贤两位菩萨。释迦牟尼佛像背后是观音菩萨像。殿内最引人注目的是一高1.65米、重1500千克的大钟。大钟上饰盘龙花纹，刻有"风调雨顺，国泰民安"等字，并附诗一首："钟声响彻梵王宫，下通地府震幽冥。"

大雄宝殿是悬山式建筑，殿前有宽敞的月台，殿内贴金雕花的大佛龛内塑的是三世佛，即释迦牟尼佛，药师佛和阿弥陀佛。三尊佛像前，站着韦驮、韦力两位护法天将的塑像，执持法器。两侧排列十八尊神态各异、眉目俊朗的罗汉塑像。三尊主佛、两位天将、十八罗汉，都是元代"夹纻干漆"工艺作品，这在国内是独一无二的。大殿背后的殿壁上还排列整齐地刻镂着五千余尊微型佛像。

寺内最小的一层殿是接引殿。这座殿在同治元年毁于火灾，光绪九年重建。殿内主尊佛像是西方极乐世界的教主阿弥陀佛。左侧手持净瓶的是观世音菩萨，右侧手持宝珠的是大势至菩萨。这一佛二菩萨就是我们说的"西方三圣"。

建于清凉台上的毗卢殿，位于寺的后部，是一组庭院式建筑。毗卢殿外两侧有两座配殿，即摄摩腾与竺法兰配殿，置有两个高僧泥塑像，以纪念二位高僧对我国佛教发展作出的贡献。

禅宗祖庭——少林寺

少林寺，位于中国河南省郑州市登封的嵩山，是少林武术的发源地，由于其坐落在嵩山的腹地少室山下的茂密丛林中，所以取名"少林寺"。少林寺在唐朝时期，享有盛名，以禅宗和武术并称于世。

一进山门，便见弥勒佛供于佛龛之中，大腹便便，笑口常开，人称"大肚佛"、"皆大欢喜佛"。神龛后面立有韦驮的木雕像，神棒在握，是少林寺的护院神。过了山门，便是甬道，两旁碑石如林，故称碑林。锤谱堂就在山门内碑林西侧，里面有泥塑和木雕群像，演绎着少林武术的发展史及显赫功绩。

经过甬道过了碑林后，便是天王殿。天王殿是一座三间重檐歇山顶殿

三 汉地寺院品读

堂，外面有两大金刚，内里则是四大天王像，个个威武雄壮。穿过天王殿，其后有大雄宝殿。殿内供奉着释迦牟尼、阿弥陀佛、药师佛的神像，屏墙后面悬塑观音像，两侧有十八罗汉侍立。大雄宝殿之后，又有藏经阁，这是寺僧藏经说法的场所。殿前甬道有明万历年间铸造的大铁钟一口，重约650千克。藏经阁的东南面的禅房是僧人参禅打坐的地方，对面的西禅房则是负责接待宾客的堂室。

过了法堂便来到方丈室，这是方丈起居与理事的地方。

▲少林寺

乾隆曾西渡洛水至少林寺，就住在少林寺方丈室内。乾隆皇帝住在此处，诗兴大发，赋诗一首："明日瞻中岳，今宵宿少林。心依六禅静，寺据万山深。树古风留籁，地灵夕作阴。应教半岩雨，发我夜窗吟。"室内有1980年日本赠送的铜质达摩像。东侧放置的是弥勒佛铜像，墙上挂有"佛门八大僧图"、"达摩一苇渡江图"等。

少林寺的文物也十分丰富。寺内保存有珍贵的碑碣石刻，如武则天撰文的《大唐大后御制诗书碑》等多样文物。

少林寺西面不远处，就是国内现存的最大塔林。这些古塔是历代少林寺和

> **知识链接**
>
> 少林寺有"禅宗祖廷，天下第一名刹"之誉，少林寺从山门到千佛殿，共七进院落，总面积达3万平方米。山门的正门是一座三间房大小的建筑，它坐落在两米高的砖台上，左右有侧门和八字墙，整体配置高低相衬，十分气派。门额上有清康熙帝亲笔所题"少林寺"三个大字，熠熠生辉。

珍藏中国 中国的寺院

▲少林寺塔林

尚的墓塔，共计230余座，占地面积约2.1万平方米。古塔因建筑年代不同而具有不同的建筑风格，它们造型典雅，石雕艺术精湛，塔名大多涉及古代中外文化交流和少林武功。少林寺塔林是古塔建筑群世界之最。

从塔林北行约一千米，就到达初祖庵。它三面临壑，背连五乳峰，景色幽雅秀丽，是河南省现存最古老、价值最高的一座木结构建筑，是为纪念达摩面壁而修建的。殿的檐柱、内柱、墙下雕石以及神台周围都有精美的浮雕。大殿神龛内供着达摩祖师像。从初祖庵出发，沿山路登上五乳峰，就可以到达摩洞。洞内有达摩及其弟子的石像四尊。洞外有一座明代万历年间建造的石牌坊。传说达摩曾在此面壁十年，由于功夫

知识链接

少林功夫是汉族武术中体系最庞大的门派，武功套路高达七百种以上。而少林寺的僧人又将禅宗的奥秘融入武术之中，习武修禅，所以又有"武术禅"之称。少林武术发源于嵩山少室山下丛林中的"少林寺"，该寺建于北魏孝文帝时期，根据《魏书》记载："又有西域沙门名跋陀，有道业，深为高祖所敬信。诏于少室山阴立少林寺而居之，公给衣供。"唐初，少林寺十三僧人因助秦王李世民讨伐王世充有功，受到唐朝封赏，而被特别认可设立常备僧兵，因而成就少林武术的发展。少林寺因武艺高超，享誉海内外，"少林"一词也成为汉族传统武术的象征之一，如古龙小说中的"七大门派"即为"少林、武当、昆仑、峨嵋、点苍、华山、海南"等派别，其中少林位居第一门派。如今，少林寺的影响已经遍布全球，成为我国在国际上知名度最高的佛教寺院。

深厚,他的身影形状被印在山石上,留下了极富传奇色彩的"达摩影石"。周恩来总理有一句诗"面壁十年图破壁",即来源于这一典故。

从少林寺往西南方向登钵盂峰,峰顶有一座佛殿,这就是二祖庵。相传禅宗二祖慧可,向菩提达摩学佛,断臂得到衣钵真传后,曾在此养伤。殿前有四眼井,传说是慧可所凿。这四眼井相距甚近,但水味各异,名为"卓锡井",当地人也称"苦、辣、酸、甜四眼井"。

山东灵岩寺

灵岩寺峰峦奇秀,风光旖旎,以风景幽深、泉石秀丽著称于世。寺内古木苍翠,怪石林立,殿宇峥嵘。灵洞曲涧、青峰翠峦环绕着古刹精舍,构成一幅绚丽多彩的画卷。著名胜境有千佛殿、墓塔林、辟支塔、大雄宝殿等几十处。其中最为引人入胜的便是千佛殿内40尊宋代彩色泥塑罗汉,历来为观者和专家们赞誉不绝,梁启超称其为"海内第一名塑",艺术大师刘海粟认为"灵岩名塑,天下第一,有血有肉,活灵活现"。

墓塔林是灵岩寺历代高僧的墓地。塔林中现有北魏、唐、宋、金、元、明、清历代石质墓塔167座,墓志铭、石碑81通。墓塔一般由塔座、塔身、塔刹组成,塔座呈方形、圆形、八角形,有浮雕装饰。塔身较高大,上刻僧人法名年号。塔刹则有相轮、覆盆、仰月、宝珠、花卉、龙图等图案造型。墓塔旁通常有墓碑,记载着高僧的经历。它见证了灵岩寺的历史沿革,是研究佛教发展史的珍贵史料。

辟支塔,雄伟壮观,数里之外即可遥望。基座被淤泥所掩,高出地面部分约54米,九级十二檐,平面呈八角形,底围48米,东西南北四面设门,基石刻有精致的图案,塔身以青砖砌垒。其顶有直刺云端的高耸塔刹,内有中心柱,东、南、西三面开龛,龛内原置石刻辟支佛像。此塔创建于唐代贞观年间(627—650年),宋嘉祐三年(1058

> **知识链接**
>
> 灵岩寺,北依济南,南靠泰山,始建于北魏孝明帝正兴元年(520年),至唐代达到鼎盛,与浙江天台国清寺、湖北江陵玉泉寺、南京栖霞寺同称天下"四大名刹",是国家级风景名胜区和佛教圣地,以其悠久的宗教历史和深厚的文化内涵驰名于世。

年）重修。

大雄宝殿原是宋代的"献殿"。本寺住持仁钦创建于崇宁、大观年间（1102—1110年），原为礼拜五花殿的前堂。五花殿内设佛像，此殿是僧众诵经礼佛的地方，到了明正德年间鲁藩捐塑三大士像于内，所以以大雄为名。

灵岩寺有一个"奇松尔日犹回向，诡石何心忽点头"的楹联。奇松即指五花殿西的"摩顶松"。传说唐玄奘去西域求经，临行的时候经常抚摩这颗松树的树顶。诡石是指朗公石，说到朗公石，还有个朗公的传说。灵岩寺建寺至今已逾千年，是我国历史上最重要的佛寺之一。其间，僧人们创建了寺院，寺院也造就了一代代名僧，有记载的名僧共有30余位，而有三位高僧最为有名。东晋时期，高僧朗公来到琨瑞山建立佛教道场后，与在此隐居的隐士张忠过从甚密，常应张忠的邀请，为大众讲说佛经。传说，朗公讲到绝

▲灵岩寺鲁班洞及辟支塔

妙之时，群山被感动了，岩石也点头称道，猛兽纷纷过来倾听，周围鸦雀无声，见此情景有人告诉了朗公，朗公说："此乃我所解化，山有灵犀，不足为怪。"灵岩由此而得名。为更好地传扬佛教，朗公在灵岩山又建立了一所新寺院，这就是灵岩山下佛教道场的开端。

近年来，灵岩寺的文物保护、旅游发展有了长足的进步，已成为国内外知名的旅游目的地，每年都有百万计的国内外游客来灵岩或观光游览、寻古访幽；或登山健体、体察自然；或避暑消夏、商务会谈。灵岩寺，这座千年古刹，正以它深邃的历史风貌、优美的自然风光和现代化的服务设施，迎接四面八方的宾客！

太原崇善寺

山西在中国历史上历来是富饶之地，佛教在山西也是十分兴盛。崇善寺是山西最有名的寺庙之一。崇善寺位于山西省太原市杏花岭区，是山西省第一批重点文物保护单位，寺院规模不大，但寺内保存的《大藏经》等文物却举世闻名。

崇善寺始建于隋末唐初，本来是隋炀帝的行宫。最早的时候，崇善寺叫做白马寺，后来还用过延寿寺、宗善寺、新寺等名字，明代的时候才改为崇善寺。崇善寺的鼎盛时期是在明代。洪武十五年（1381年）八月朱元璋的结发妻子——孝慈高皇后马氏因病逝世，为了报答母亲的养育之恩，朱元璋的三儿子晋王朱棡上书启奏父王重修崇善寺。朱元璋准奏并拨款，历经八年的时间，终于将崇善寺扩建为一座宏伟壮观的寺院。殿堂、亭、

知识链接

崇善寺内还珍藏着三件国宝。第一件是释迦牟尼一生的故事共84幅图；第二件是善财童子的画卷；第三件是从东岳泰山上拓来的一部《金刚经》石刻的拓片，共1043个字，是唐朝的作品。崇善寺除了这三件国宝外，还有一部血经，是明代净洁和尚用自己舌头上的鲜血花费了13年的时间写成的一部《华严经》血书。这部血经总共有60万字，但保存下来的已不完全了，这也是佛教界中的一件珍宝。这些国宝不仅是中国木刻印刷史上早期的珍贵版本，而且是难得的艺术佳作，也是研究中国古代哲学、文学、书法、印刷雕刻和宗教历史的宝贵资料，历来为海内外的高僧、学者和游客所青睐。

台、楼、阁达千余间，寺内殿宇辉煌，规模宏阔，其布局类似于北京故宫，有"晋国第一伟观"的美誉。

清同治三年（公元1864年），崇善寺失火，大部分建筑被毁，现仅存大悲殿、山门、钟楼、东西厢房等，相当于鼎盛时期建筑面积的四十六分之一。

崇善寺的山门门额上写着"大悲胜境"四个大字，左边写着"宗唐遗址"，右边则写着"晋源神景"。门的左右两侧蹲卧着一对铁狮，雄悍威猛。山门两侧有钟鼓楼。钟楼内的大钟也很有来历，是明正德元年（1506年）铸造的。大钟的音域宽广，轻轻击打听起来圆润深沉，幽雅悦耳，重重击打听起来则其声洪亮，浑厚有力。

大悲殿是现在崇善寺的主体建筑，是明代洪武年间的遗物，矗立在宽厚的台基上。黄绿琉璃瓦的剪边，华美异常。周围檐柱均向内倾斜。檐棋则

分成上下两层。屋顶侧脊上，琉璃吻兽成列，形象逼真。有趣的是两只鸱吻背上斜插一剑。传说东海有鸱鱼，用尾巴击打浪花，可以降雨灭火。中国的木结构建筑非常易燃，所以按照鸱鱼的形象制作成吻兽放在屋顶上，以求避火。因为怕鸱鱼"擅离职守"，所以用剑穿过它的脊背来镇住它。大殿正中供奉的是千手千眼观音，千臂千钵文殊菩萨和普贤菩萨。正中的千手千眼观世音菩萨，肩披绿巾，面相圆润俊秀，身像完整洁净，千手千眼皆都雕刻在背光的地方，正面看如出自肩臂，十分生动传神。这三尊造像，比例适度，身容敦肃，体态健硕，面相丰圆，颜貌舒泰，服饰华丽，衣纹流畅，具有一种温文敦厚、雍容华贵、和蔼慈祥的神韵，是明代雕塑艺术的杰作。

此外，崇善寺还珍藏有明、清、民国各个时期碑记11块、树龄已达四百多年的国槐数株。清幽古雅的崇善寺，六百多年来，寂然坐落于尘俗之外，不愧是一座五彩斑斓的文化艺术宝藏。

五台山佛光寺

五台山在中国佛教界的地位是十分尊贵的。有一个传说，说顺治帝当年并没有死去，而是因为心爱的妃子病逝，一时难以承受内心的打击而出家为僧。顺治帝出家的地方，就在五台山。而佛光寺是五台山最有名的寺庙之一。佛光寺位于五台县佛光新村，离县城约30千米，是五台山保存最完好的佛教寺院。寺内佛教文物珍贵，素有"亚洲佛光"的称呼。佛光寺内保存的唐代建筑、唐代雕塑、唐代壁画、唐代题记具有极高的历史和艺术价值，被称为"四绝"。

佛光寺历史悠久，在历史上也是几度浮沉。佛光寺始建于北魏孝文帝时期（471—499年）。唐朝时，法兴禅师在寺内兴建了高达32米的弥勒大阁，僧徒众多，达到了佛光寺的鼎盛时期。唐武宗会昌五年（845年），出于政治经济的考量，开始大举灭佛，佛光寺也因此被毁，仅有一座祖师塔幸运地保存了下来。847年，唐宣宗李忱继位，佛教再次兴盛起来，佛光寺也得以重建。宋、金、明、清时期，佛光寺经历了多次维修。

坐东朝西的佛光寺修建在半山坡上，东、南、北三面环山，西面地势低下开阔，寺因势而建，共有三重院落，分建在梯田式的寺基上。寺内现有殿、堂、楼、阁等一百二十余间。其中，东大殿七间是唐朝的时候建成的；文殊殿七间建于金代，其余的均为明、清时期的建筑。

东大殿又称大佛殿，是佛光寺主殿，坐落在全寺第三层院落里，居高临下，俯瞰全寺。东大殿是在唐大中十一年（857年），由佛光寺女弟子宁公遇施资、愿诚和尚主持，在原弥勒大阁的旧址上建成的，是中国现存规模最大的唐代木结构的建筑。用梁思成先生的话说，此殿"斗拱雄大，出檐深远"，是典型的唐代建筑。

东大殿的屋顶比较平缓，上面铺满了长50厘米、宽30厘米、厚2厘米多的青瓦。屋脊上的脊兽用黄色、绿色的琉璃烧制而成，造型生动，色泽鲜艳。整座大殿雄伟坚固，历经七次五级以上地震而没有损坏，可见其建筑质量是非常高的。东大殿内的佛坛有五间房屋宽，坛上有唐代的彩塑35尊。其中，释迦牟尼佛、弥勒佛、阿弥陀佛、普贤菩萨、文殊菩萨及胁侍菩萨、金刚等塑像32尊，另外还有两尊塑像，一尊是出资建设东大殿的施主宁公遇的，另外一尊是建殿的主持愿诚和尚的。这些塑像，比例适度，体态自如，面形丰满，线条流畅，均为唐代遗物。此外，大殿的西侧和后部，还有明代塑造的罗汉像296尊。在殿内墙壁上，有唐代绘制的佛教题材壁画十余万平方米。殿内四

> **知识链接**
>
> 佛光寺大殿并不高大，貌似平常，但却被我国著名的建筑学家梁思成称为"中国第一国宝"，因为它打破了日本学者的断言："在中国大地上没有唐朝及其以前的木结构建筑。"如今，佛光寺外青山环抱，寺内古木参天，殿堂巍峨。这里既是佛教信徒朝拜的圣地，也是旅游者们观光的胜地。

▲佛光寺祖师塔

根房梁下面和殿门内侧有唐人的墨迹，字迹清楚，笔法遒劲。此外，殿外南侧有一座砖砌的六角形祖师塔。祖师塔下层是空心，西面则是开门的；上层是实心的，但是有一个假门。塔建于北魏时期，是唐代会昌五年灭法时，佛光寺留下来的唯一建筑物，这是全国仅存的北魏时期的两座古塔之一，显得非常珍贵。

文殊殿在山门内北侧，是寺内仅次于东大殿的一座大配殿。文殊殿建于金代天会十五年（1137年），元代至正十一年（1351年）重修。1953年又进行了补修。文殊殿面阔七间，进深四间八椽，单檐悬山顶。采用特殊的减柱法建成。文殊殿的梁架使用了粗长的木材，两个梁架之间用斜木相互支撑，构成类似于今天的"人字柁架"的结构，增加了跨度，减少了立柱，加大了殿内空间。这种做法，在我国现存古建筑中是一个孤例，是一个大胆的创造，颇有观赏、研究的价值。殿内佛坛上有七尊塑像，中间是骑青狮的文殊菩萨，两旁有胁侍菩萨、牵兽拂菻、仰望童子等，面相俊秀，衣饰富丽，神态慈祥而凝重，是金代彩塑中的优秀作品。东西墙和北墙上，原来有500个罗汉的彩绘，现仅存245尊，时代虽然比较晚，但绘画技巧很高，笔法属于上乘。文殊殿是我国保存下来的金代以前古建筑中少有的杰作。

五台山南禅寺

南禅寺也是五台山的名寺之一。它位于五台县西南的李家庄，距县城有20余千米。重建于唐德宗建中三年（782年），距今已有1300多年的历史。寺内有我国现存建筑时间最早的木结构大殿，殿内保存着17尊唐代彩色泥塑神像，极为珍贵。

南禅寺坐北朝南，规模不大，有山门、龙王殿、菩萨殿和大佛殿等主要建筑，围成一个四合院形式，占地面积3000多平方米。寺院南北长60米，东西宽51米多，全寺分东院和西院两大部分。南禅寺的6座殿宇，除了主体建筑大佛殿是唐代的原物外，其余的几座殿宇都是明、清时重新修建的。

唐代建设的大佛殿，是南禅寺主殿，重建于唐德宗建中三年（782年），比佛光寺的大殿还要早75年，是我国现存最古老的唐代木结构建筑，堪称国

珍藏中国 中国的寺院

▲南禅寺唐代木结构建筑大殿

宝。大佛殿共用了12根檐柱，殿内没有天花板，也没有柱子，梁架制作极为简练，墙身不负载重量，只起隔挡的作用。屋顶重量主要是通过梁架由檐墙上的柱子支撑。四周的各个柱子，柱头微向内倾，与横梁构成斜角。即使梁、柱、枋的结合更加紧凑，增加了建筑物的稳固力，又使出檐深而不低暗，使整个大殿形成有收有放、有抑有扬、轮廓秀丽、气势雄浑的风格，给人以庄重而健美的感觉。屋脊两端装饰着鸱吻。全殿结构简练，形体稳健，庄重大方，体现了我国唐朝中期大型木构建筑的显著特色。

南禅寺是村落中的小佛寺，是非正式的村佛堂，所以构造与富贵人家的厅堂相似。晚唐时期唐武宗灭佛，使大多数佛寺都遭受到严重的破坏，而南禅寺由于地理位置偏僻，所以免于毁坏。大佛殿内的佛坛上，有唐代彩塑17尊，造型精美，手法纯熟，属国内唐塑珍品。其中，有释迦牟尼佛像、文殊和普贤菩萨像，以及天王、金刚、童子像等。这些彩塑，姿态自然，表情逼真，丰满优美，一个个栩栩如生，同敦煌莫高窟唐代塑像如出一辙，极为珍贵。此外，殿内须弥座下的唐代砖雕、佛坛四周壶门和叠梁上的精美花纹，都是五台山保存的唐代砖雕艺术的杰作。

新中国成立后，南禅寺受到人民的重视和保护，现在寺内不仅增添了保护设施，还修建了接待室，种植了花草，古老的寺庙焕发出新的勃勃生机。

五台山菩萨顶

菩萨顶是五台山规模最大的黄教寺院，坐落于五台山台怀镇显通寺北侧灵鹫峰上，俗称喇嘛宫。相传文殊菩萨曾经居住在这座寺庙，所以菩萨顶又名真容院、大文殊寺。菩萨顶建筑雄伟、金碧辉煌，远看好似西藏拉萨的布达拉宫。

菩萨顶占地30000平方米，寺中有殿堂、僧舍、楼房、禅堂共430间，布局结构紧凑而有变化。中轴线上的主要建筑有山门、天王殿、大雄宝殿、文殊殿等。主殿居中，高大雄伟；配殿位居两侧，左右对称。金色琉璃瓦、红柱红墙使整个寺院显得富贵豪华，一派佛国仙境。

菩萨顶居高处门前为108级石台阶。这些石台阶层层铺到高处，十分陡峻，犹如一架天梯直架天宫。这108级石台阶，代表了世间的108种烦恼。因此，在五台山有这样的说法：如果沿108级石台阶步步登高，那么就把世上这108种烦恼踩在脚下了。

菩萨顶的建筑布局很有特色，主要殿宇外观好像皇宫一样，金碧辉煌。而内部布置却具有浓烈的喇嘛教色彩。大雄宝殿雄

> **知识链接**
>
> 菩萨顶始建于北魏孝文帝时期，初名"大文殊院"。唐太宗贞观五年（631年），法云法师重建，更名为"真容院"。北宋重修，南宋改建，更名为大文殊寺。菩萨顶极盛时期是在清朝，清朝顺治十三年（1656年）改为藏传佛教喇嘛庙。康熙皇帝赐菩萨顶大喇嘛提督印，清朝皇帝、王公、喇嘛每逢朝礼五台，一般都住该寺，树立了菩萨顶在五台黄庙中的统领地位。康熙二十二年（1683年）下令重修菩萨顶，在其主要殿宇铺上了表示尊贵的黄色琉璃瓦，山门前的牌楼也修成了四柱七楼的形式。此外，为保护这座具有特殊地位的寺庙，康熙帝还设军队进行保护，这在五台山是绝无仅有的，在全国范围内也不多见。自此以后，菩萨顶成了清朝皇室的庙宇。康熙皇帝先后到菩萨顶朝拜了五次，乾隆皇帝朝拜了六次，并都题写了匾额或碑文。菩萨顶盛极一时。

珍藏中国 中国的寺院

▲菩萨顶文殊塔

伟壮阔，上面覆盖着黄色的琉璃瓦。大殿四周有石雕回廊环绕，里面供奉着释迦牟尼、阿弥陀、药师三佛。中国藏传佛教的大活佛达赖、班禅，在朝拜五台山时都在这里讲经说法。

大雄宝殿后面，是菩萨顶最著名的建筑文殊殿。殿前有一个石牌坊，石壁上刻有康熙御笔"五台圣境"四个大字。文殊殿重建于清朝，殿中所供奉的是文殊菩萨。文殊殿屋顶覆盖着黄色琉璃瓦，虽然已历经寒暑数百年，但是色泽依然如新。殿脊正中放着一个鎏金铜法轮。殿内佛坛上供奉着文殊菩萨骑狻猊的彩色泥塑像，而东西两侧佛坛上则供奉着十八罗汉塑像。文殊殿内的文殊像，与一般佛教寺庙（青庙）内的文殊菩萨像不同，它是按喇嘛教的经典规定制作的：头取旁观的姿势，腰取扭动的姿势，头发取散披的样式。同时，身挂璎珞，显得特别活泼生动。在两侧墙壁上，还挂着唐卡——绘在布上的藏画，总共有12幅，画面用赤金和五彩石质天然颜料工笔画成，是藏画中的珍品。菩萨顶的文殊菩萨殿，是朝山信徒必定要顶礼膜拜的地方。

文殊殿还被世人称为"滴水殿"。这里面有一个传说。过去，文殊殿有一块檐瓦，无论春夏秋，也无论阴晴雨，总是往下滴水，一直为人称奇。时间长了，文殊殿前的一处阶石上面成了蜂窝状。什么原因呢？这是建筑上的一种巧妙设计。过去，文殊殿的琉璃瓦上留有小孔，瓦下有储水层，储水层下又有防漏设施。每当雨天，雨水透过琉璃瓦孔而存于储水层内。在阴天或晴天时，储水层中的水便慢慢地从檐瓦滴下。以后，由于文殊殿在翻修施工时，不知保护殿顶存水的奥秘，如今已不再滴水了，实在非常可惜。

此外，菩萨顶内还存有许多文物。菩萨顶后院正房内存有的四口大铜锅，木牌楼两侧蹲卧的石狮，东禅院的乾隆御碑以及前院西配殿里的一尊泥塑文殊菩萨像，都是菩萨顶极为宝贵的文物。

从清朝开始，五台山每年农历六月初六至六月十五都要做道场、办法会，菩萨顶当然是法会的中心，其他寺庙也大开山门，迎接各地香客游人。

大白塔——塔院寺

白塔坐落在塔院寺内。塔院寺位于山西省五台山台怀镇的大白塔处，因为这座大白塔的缘故，这座寺庙也就被称为塔院寺。塔院寺原来是大华严寺的塔院，明成祖永乐五年（1407年）扩充独立成寺庙，是五台山"五大禅林"之一、全山"青庙十大寺"之一。

塔院寺最有名的自然

▲塔院寺的大白塔

就是那耸入云天的大白塔。塔的全称为释迦牟尼舍利塔，习惯上，人们简称为舍利塔，或者五台山白塔。这座塔拔地而起，凌空高耸，在五台山群寺的簇拥下非常壮观。这座大白塔还被人们当做五台山的标志。

塔院寺坐北朝南，由横列的殿院和禅堂、僧舍组成，气魄雄伟，有殿堂楼房130余间，占地面积15000平方米。在五台山众多佛塔中，塔院寺大白塔最著名,其他塔犹如众星捧月一样簇拥着它。

在大白塔东侧,还有一座高六米多的用砖砌成的文殊发塔,塔的外层抹的是白灰,通体白净,形状如同一个宝葫芦。相传文殊菩萨显圣遗留的金发,就藏在这座塔中。大白塔底座碹洞里有佛足碑。石碑上所刻佛足足印长0.53米,宽0.20米,足心有千幅轮相和宝瓶鱼剑图,十个足趾有华纹字。据下部碑文解释,释迦牟尼去世前站在一块大石上,对弟子阿难说:"我最后留此足迹,以示众生。谁见到此足印,瞻礼供养,就能免罪消灾。"唐玄奘取经时,把这佛足印也拓下带回,唐太宗敕令将佛足刻在石上,立在祖庙之中。明朝万历年,寺僧又按图刻石,供养在大白塔下。

大白塔北侧建有面宽五间、高二层的大藏经阁。正中门顶上挂有一块木匾,上有乾隆皇帝御笔绝句一首:"两塔今惟一尚存,既成必坏有名言。如寻舍利及丝发,未识文殊与世尊。"藏经阁内有一个木制的经架,叫做转轮藏。转轮藏是六角形的,共33层,高约10米,每层分若干小格,放置经书。最下层底下有转盘,能够来回运转。之所以制成这种转轮藏,按佛教的说法是转动诵经,能为朝山拜佛者消灾除难。藏经阁现存汉、蒙、藏多种文字经

> **知识链接**
>
> 大白塔位于殿阁之间,雄伟挺拔,直指蓝天,有气盖山河、一览五台的气概。古人就对此塔赞誉有加:"厥高入云,神灯夜烛,清凉第一胜境也。"宝塔通体洁白,塔身就如同一个圣洁的宝瓶,从底到顶,精细相间,方圆搭配,造型非常优美。在塔顶上,有八块铜板。这些铜板按照乾、坎、艮、震、巽、离、坤、兑八卦地位安置,拼成圆盘形状,其上为风磨铜宝瓶。圆盘周长23米多,铜顶高5米多,从铜顶到铜盘边缘有铜钮固定,放眼望去犹如北方的草帽,南方的斗笠。在圆盘的边缘,还吊装着36块铜质的垂檐。各垂檐下端,又挂着三个风铃,连同塔腰的风铃在内,总共有252个。每逢风和日丽的天气,鸟雀在周围翱翔,风铃被微风吹的发出悦耳的铃声,像一首圣洁的歌曲。明朝有一个德高望重的法师叫做镇澄法师,他曾专门写了一首诗来赞美这种情景:"浮图何漂缈,卓出梵王宫。远带青山色,孤标紫界雄。金瓶涵海月,宝铎振天风。自是藏灵久,神邦万古崇。"
>
> 大白塔是我国建塔史上的一项伟大成就,是我国塔式建筑中少见的珍品和孤例,是研究高层建筑如何经历地震和风雨雷电侵袭而不衰的实物资料。

书两万册，其中属于宋以后至乾隆年间版本的两千余册经卷为国家善本书，具有非常高的价值。

五台山显通寺

五台山显通寺位于五台县台怀镇中心区灵鹫峰南麓，是五台山五大禅处之一，是我国兴修时间仅次于白马寺的一座寺院，被世人称为"中国第二古寺"。显通寺历史悠久，珍贵文物很多，是佛教圣地中的一颗明珠。

据《清凉山志》记载，显通寺始建于东汉永平十一年（68年），当时叫做大孚灵鹫寺。北魏孝文帝时扩建，赐名为花园寺。唐武则天曾改称大华严寺。明太祖重修，赐匾额为"大显通寺"。清代又重修，形成了今日的规模。

观音殿，又名南殿，殿内供奉的是观音菩萨、文殊菩萨和普贤菩萨像。观音菩萨位于中间，文殊和普贤菩萨分立左右。所以，观音殿又被称为三大主殿。因殿内两侧放满了经架，架上又置有各种经书，所以又称观音殿为藏经殿。过去，救助水陆众生的大法会——水陆道场也设在这里，因此观音殿又名水陆殿。

同五台山的其他佛教寺庙一样，显通寺内主要供奉的是

▲显通寺铜殿

文殊菩萨像。在大文殊殿内，供奉着七尊文殊菩萨像。正中的为大智文殊，前面的五位，从左至右，依次为西台狮子文殊，南台智慧文殊，中台孺者文殊，北台无垢文殊，东台聪明文殊；大智文殊后面是甘露文殊。此外，文殊像前有护法神韦驮像，两侧有十八罗汉像。

显通寺的大雄宝殿是举行佛事活动的主要场所，清光绪二十五年（1899

年）重建。殿内正前方的横梁上，高悬着康熙皇帝御笔亲书的"真如权应"木匾。殿台上，并列主佛三尊，中间是释迦牟尼佛，东面是药师佛，西面是阿弥陀佛。殿墙两侧是十八罗汉，均为明、清雕塑。佛前的地面十分宽敞，经案上佛灯高照，宝鼎焚香，摆着各色供果，敬有美丽鲜花。东面的经案头还摆着鼓、磬、铛、木鱼等佛家乐器。不仅本寺僧人在这座殿内做早晚功课，每逢大的佛事活动日，由五台山佛教协会主持，各寺庙的僧尼都要身披袈裟，汇集到这里举行礼佛仪式。

> **知识链接**
>
> 显通寺是五台山寺庙群中最大的一座寺庙。全寺占地面积43700平方米，现有大小房屋四百多间，现在的建筑大多是明、清时期建造的。

无量殿也称无梁殿，砖砌的仿木结构，是我国砖石建筑艺术的杰作。因为殿内四壁铸了佛像上万尊，所以又被称为万佛殿。无梁殿高20米，面宽28米，进深16米，从外面看是七间两层楼房，殿内却是三间穹隆顶砖窑，型制奇特，雕饰精细，宏伟壮观。

在千钵文殊殿内，供奉着一尊千钵文殊铜像，这是显通寺中极为珍贵的文物。这尊铜像，造型奇特，上部有五个头像，胸前有手六只，其中两手捧着一个金钵，钵内坐着释迦牟尼佛，背后向四周伸出一千只手，每只手上都有一个金钵，每个钵内都有一尊释迦牟尼佛像。所以，这尊铜像又被叫做千手千钵释迦文殊像。这尊像金光灿烂，铸于明代，全国少有，很是珍贵。

铜殿是全国罕见的文物，铸造于明代万历三十三年（1605年）。殿高8.3米，宽4.7米，入深4.5米，重50 000千克。相传为明万历皇帝为报答母恩，专门为其母亲李娘娘建造的。铜殿外观为重檐歇山顶，共分两层，上层四周各有六面门扇，下层四周各有八面门扇。每面门扇上都有精美的图案，这些图案形态逼真，栩栩如生。第二层的四周，有大约1米高的铜栏杆，其24面门上均有各式图案。殿脊的两端有铜铸的似龙非龙的宝瓶，光芒四射，耀眼夺目。殿内正中有一尊铜铸文殊坐狮像，造型美丽。殿内四壁上的铜铸小佛像，琳琅满目，多达万尊。

铜殿前原有八面十三层的铜塔五座，按东西南北中方位布置，象征五台，现仅留下两座，玲珑秀丽，引人注目，更为珍贵。

除此之外，显通寺内还珍藏着许多历史上遗留下来的珍贵文物，山门外两侧，刻有"龙"、"虎"二字的唐朝石碑；大文殊殿前的两座碑亭；藏经楼中北魏时期的铜铸旃檀佛像，以及北宋开宝年间的雷峰塔藏经；明朝手绘的菩提树叶上十八罗汉像，杨家将兵器、千钵文殊铜像、华严经字塔、刻有万余字楷书佛经的"长鸣钟"等，这些珍贵文物常常令人叹为观止。

大同华严寺

华严寺始建于辽重熙七年（1038年），始建时，不仅是参禅拜佛和储藏经藏的寺院，还是供奉辽代诸位先帝的石像和铜像的地方，其性质相当于辽代皇家祖庙。辽末元初，寺院曾遭兵火，寺内部分建筑被火烧毁。金、明、清时期，多次重修，使该寺保存到今天。华严寺占地1.7万平方千米，寺院主要殿宇都面向东方，这与契丹族信鬼拜日、以东为上的宗教信仰和居住习俗有关。

华严寺分为上寺和下寺两大部分。上寺以金建大雄宝殿为主，分为两院，主要建筑有山门、前殿和大雄宝殿。下寺以辽建薄伽教藏殿为中心，保存有辽代塑像、石经幢、楼阁式藏经柜及天宫楼阁。

上华严寺俗称上寺，是以大雄宝殿为主体的一组建筑。进入山门，可见方门两侧门楣分别砖刻有"拈花笑"和"擎竹间"三字，均出自佛家典故。

大雄宝殿是国内现存最大的佛殿之一，始建于辽代清宁八年（1062年），保大二年（1122年）毁于兵火。金代天眷三年（1140年）在旧址重建，以后历代进行修补。殿内佛坛上塑有五尊佛像，人称五方佛，是明代的作品。正中三尊为木雕，其余二尊及其他胁侍菩萨都是泥塑。佛坛两侧各塑十尊诸天像（护法神），神情各异，身躯前倾。殿内四壁满布清代绘制的21幅巨型壁画，内容以佛教故事为主，人物有五千多

> **知识链接**
>
> 大同华严寺在我国佛教界具有非常崇高的地位。华严寺位于大同市西部，始建于辽代。它是依据佛教华严宗的经典《华严经》修建的。华严寺殿宇嵯峨，气势雄伟壮观，是辽金时期我国华严宗重要的寺庙之一。寺内保存着珍贵的辽、金建筑和辽代彩色泥塑像，被誉为辽、金艺术博物馆。

个，面积达800多平方米，色彩艳丽，金碧辉煌，保存完好，面积在山西省寺院壁画中居第二位，仅次于芮城永乐宫。这些壁画使大雄宝殿充满了浓厚的宗教气息。

下华严寺坐落于上寺的东南侧，相距不远。下寺大殿为薄伽教藏殿，是华严寺的藏经殿。

薄伽教藏殿，建于辽重熙七年（1038年）。进入此殿，气氛与大雄宝殿截然不同，殿内森沉冷肃，古色古香。殿内侧沿壁排列重楼式壁藏38间，天宫楼阁5间，两侧以拱桥相连。壁藏分上下两层，上层为佛龛，下层为藏经的经橱。天宫阁楼雕工极细，精巧玲珑而富于变化，是国内现存唯一的辽代木构建筑模型，具有重要的科学研究价值，著名建筑学家梁思成称其为"海内孤品"。殿内中央佛坛上，布列辽代泥塑31尊，技法娴熟，如出一手。中央莲花座上为三世佛，佛像庄严静穆，身后有硕大的背光，背光内侧饰网目纹，外侧饰火焰纹。其两旁侍立的弟子则是清秀温静。诸菩萨造型优美，神态各异，表情生动。其中，有一尊合掌露齿胁侍菩萨像，神态自然，富有人情味，属辽彩塑中的精品。

▲华严寺薄迦教藏殿

关于合掌露齿胁侍菩萨的原型，有这样一段传说。

相传，辽代皇家崇信佛教，征调能工巧匠修建华严寺。城外有个雕造技术出众的巧匠，不愿为皇家卖命，而且也不忍心留下年轻的独生女儿一人在家。这惹恼了官府，总管以"违抗皇命"的罪名把他痛打一顿。由于众工匠的请求，才免于更大灾祸。他女儿惦念老父亲，便女扮男装，假充工匠的儿子，托人说通总管，前来照顾老父亲，并为皇室干活。修建工程浩大，监管人员经常责打工匠。那姑娘主动替大伙煮饭烧菜，端茶送水。她见父亲和工匠们塑造神像时苦苦思索，便常在一旁或立或坐，做出双手合十、闭目诵经的姿态，为他们祈祷。雕工们受到启示，便依着她的身段、体形、动态塑造修饰。这对工程进展起到了促进作用。姑娘的举动引起一个年轻工匠的注意。他发觉她并不是老工匠的儿子，而是老工匠的女儿，并且担心他被监工发现，就会碰上厄运。事情果然发生了。一天，总监工发现老工匠的包工活没干完，就命人痛打他。就在这时，姑娘挺身而出，主动承担责任。总监工似乎发现了她的秘密，就勒令剥光她的上身殴打。眼看就要暴露，她深情地望了望大家，随即莞尔一笑，纵身投入铸钟造塔的滚沸的铁水中。沸腾的铁水溅了老高，老工匠的女儿化为一朵白云，飘向了天空。那总监工被溅起的铁水烧死了。年轻工匠记住了老工匠女儿临去之前的露齿一笑，就照她生前的身态、形体、眼神雕成了一尊菩萨像，放在显要位置，还特别把那露齿莞尔一笑的神情塑在雕像上。

佛儒道三教合一的寺院——悬空寺

悬空寺是我国最著名的一座寺院之一。因为整座寺庙似乎悬于峭壁之上，所以得名。悬空寺又名玄空寺，位于五岳之一恒山的脚下，地处山西省浑源县城南5千米处的金龙峡内西岩峭壁上。自古以来，这里一直被列为北岳恒山的第一奇观，是我国古代修建的一座高空庙宇，十分少见，明代旅行家徐霞客曾惊奇地称之为"天下巨观"。

悬空寺面对恒山，背倚翠屏，距谷底有26米，它的最高处离地面大约有50米，举目远眺，悬空寺像一块玲珑山木雕镶嵌在翠屏峰的万仞峭壁上。它上面有危岩，下面临深谷，人们走在悬空寺的走廊上，感觉心惊肉跳，生怕会摔下去。民间用"悬空寺，半天高，三根马尾空中吊"来形容。但这正体现了中国建筑水平的卓越。

悬空寺倚岩壁背西向东，自南向北多层次横向排列。寺院由三部分组成，每部分都有一座三层式的楼阁，内设悬梯连接。悬空寺的建筑特色可以概括为"奇、悬、巧"三个字。

"奇"说的是悬空寺建寺设计与选址。悬空寺处于深山峡谷的一个小盆地内,全身悬挂于石崖中间,石崖顶峰突出部分好像一把伞,使古寺免受雨水冲刷。山下的洪水泛滥时,也免于被淹。四周的大山也减少了阳光的照射时间。优越的地理位置是悬空寺完好保存的重要原因之一。

"悬"是悬空寺的另一特色,全寺共有殿阁40间,表面看上去支撑它们的是十几根碗口粗的木柱,其实有的木柱根本不受力,而真正的重心撑在坚硬岩石里。这是利用力学原理半插飞梁为基,巧借岩石暗托。插入岩石里的横梁使用当地产的铁杉,铁杉事先用桐油浸过,起到防虫防腐作用,建造时先将木楔置于洞内,后将横梁插入,因石洞口小肚大,外边用力越大里边咬合就越紧,这样固定的横梁就把压力传到了岩石上。在横梁的下面用木柱支撑,这些木柱长短不一,有的着力,有的则虚设,甚至可以晃动,根本

▲恒山悬空寺

不受力,悬空寺像这样形似虚设、可以晃动的支柱有十多根。当然,这些虚柱不仅仅是作为装饰用的,一般情况下并不吃力,一旦承重压力增大,就起到一柱顶千斤的作用,从而使悬空寺形成一座似虚而实、似危而安、危中见俏的奇特建筑。

悬空寺的"巧"体现在建寺时因地制宜,充分利用峭壁的自然状态布置和建造寺庙各部分建筑,将一般寺庙平面建筑的布局、形制等建造在立体的空间中,山门、钟鼓楼、大殿、配殿等,设计非常精巧。

悬空寺不仅以建筑奇巧著称于世,最主要的就是反映了"三教合一"的宗教思想。全寺共有大小殿阁40多间,各种雕像80多尊。现存的较为重要的

建筑有三佛殿、鼓楼、钟楼、伽蓝殿、送子观音殿、地藏殿、千手观音殿、释迦殿、雷音殿、三官殿、纯阳宫、三教殿、五佛殿等。在这里，观音殿、地藏殿、如来殿、五佛殿等为佛教建筑，三官殿、纯阳宫为道教建筑。三教殿是体现"三教合一"的典型殿阁，位于悬空寺第三部分的最上层。三位教主共聚一堂，中间为佛教创始人释迦牟尼，左边为儒家创始人孔子，右边为道家鼻祖老子，三教供于一殿，在全国各地寺庙建筑中极为罕见，集中体现了中华民族民族共融、世界大同的崇高境界。

> **知识链接**
>
> 悬空寺是我国现存的唯一的佛、道、儒三教合一的独特寺庙，始建于北魏后期，距今已有1400多年的历史。唐、金、明、清历代均有修葺，现存多为明、清建筑。

古往今来，悬空寺以它独特的魅力成为不少文人墨客向往之处。古代诗人形象地赞叹"飞阁丹崖上，白云几度封，蜃楼疑海上，鸟到没云中"；735年，大诗人李白云游至此，挥毫书写了"壮观"两个大字；1633年，大旅行家徐霞客游历悬空寺后，在他的游记当中留下了"天下巨观"的赞誉；英国一位建筑学家曾无限感慨地说过这样一段话："中国的悬空寺把美学、力学、宗教巧妙地融为一体，达到了尽善尽美，我真正懂得了毕加索所说'世界上真正的艺术在东方'这句话的含义，悬空寺不仅是中国人民的骄傲，而且是全人类的骄傲。"

东方彩塑艺术的宝库——平遥双林寺

平遥古城，是一个让人心驰神往的地方。这里保存着中国北方最原汁原味的传统建筑，徜徉其中，恍如隔世。平遥还有一座著名的寺庙，这座寺庙以其高超的彩塑艺术闻名于世。那就是双林寺。双林寺位于山西省平遥县西南6千米桥头村，属于世界文化遗产平遥古城的一部分。

双林寺始建年代不详。据寺内碑文记载，双林寺重修于北齐武平二年（571年），原来叫做中都寺。北宋时为了纪念佛祖释迦牟尼"双林入灭"的传说，改名为双林寺。此后，双林寺历经几次毁坏，又最终得以重建，现存建筑及塑像多为明、清遗物。

双林寺坐北朝南，占地面积15000平方米。寺内禅院在东侧，寺院在西侧，大小殿堂总共有11座，沿着中轴线共有三进院落。寺内现存有彩塑2056尊，全部是由木胎泥塑而成的，大小各异。它们继承了中国唐、宋、金、元彩塑的优良传统，是中国明代雕塑中的佼佼者，被专家誉为"东方彩塑艺术宝库"。

正北第一座殿为天王殿。天王殿非常壮阔。屋脊正中琉璃宝顶上有明朝时留下的"弘治十二年八月二十六日"的题记。屋檐下挂着一个竖匾，写着"天竺胜境"四个大字，笔力遒劲。

天王殿廊檐下有四大金刚的塑像，每尊塑像大约有3米高，一字排开。这些佛的护法力士形象已突破一般金刚凶恶可怖的造型，采用了写实的造型手法，使人感到他们具有人间武士的亲近感，同时又具有"力拔山兮气盖世"的英武气魄。天王殿里面，弥勒菩萨居中而坐，帝释、梵天在旁服侍。南墙坐着四大天王，北墙为八大菩萨。殿中塑像风格都很写实，人物造型生动。尤其是四大天王，分别手持琵琶、宝剑、蛇和伞，各自护卫东南西北。四大天王手持的宝物暗喻着"风调雨顺"、"五谷丰登"。

▲双林寺韦驮像

穿过天王殿，就走进了寺院的第一个院落。北面是释迦殿，两厢为罗汉殿、武圣殿、阎罗殿和土地殿。

释迦殿是本寺主殿之一，正门正中悬挂着一个匾额，写着"灵鹫遗风"四字。整个建筑风格质朴简洁。殿内，释迦牟尼高坐正中，左右有文殊、普贤两个菩萨侍从。殿内的墙壁上，则用浮雕等手法，创作了很多塑像，分别表现了佛教创始人释迦牟尼从投胎降生到涅槃成佛以及四方传经普度众生的佛传故事。二百多尊人物形象身份不同，神态各异，活动于建筑、山石之间，构思构图绝妙，令人叹为观止。释迦殿影壁墙后还有一座渡海观音的塑像，是双林寺彩塑中的精华。观音用圆雕手法塑造，单腿盘坐于红色莲瓣之上，整个身形突出壁外，神情安详自若，与背景上波涛汹涌的海浪形成强烈对比，具有静中有动的艺术效果，观者无不称奇。

释迦殿两厢分别是罗汉、武圣、阎罗、土地四个小殿。顾名思义，罗汉殿内是十八罗汉的塑像。这些塑像与真人等高，一个个神采奕奕，古代艺术大师运用纯熟的传统彩塑技巧，使这些罗汉塑像达到了呼之欲出、若闻其声的艺术境界，被人们称之为"神品"。武圣殿供奉的则是关羽的塑像。我国历来都有供奉关羽的传统，武圣殿内关羽的坐像是清朝初期塑造的，关羽气势威然，神态逼真，四壁满布悬塑，是依关羽生前事迹所画，包括"桃园三结义"、"温酒斩华雄"、"过五关，斩六将"、"水淹七军"等。阎罗殿供奉的是地藏王菩萨。正中为地藏王菩萨，左右塑十殿阎王和判官，肃穆森然。阎罗殿内最引人注目的是一个叫做"哑罗汉"的塑像。这个"哑罗汉"嘴巴紧闭，怒目圆睁，怅然若失的眼神，冷视着这个世界。他看到人间有许多不平之事，但却欲言不能，以至于他的胸腹部一鼓一鼓的，好似在急促地呼吸。这尊塑像把一性格耿直的哑罗汉着急但又无奈的形象雕塑了出来。土

▲双林寺天王殿

地殿所塑的土地像为我国古代神话中管理山川郊社之神，旧俗祭祀土地可保五谷丰登。土地像被塑成一长者形象，慈祥、忠厚。左右侍从为金童玉女，令人感到非常亲切可爱。

双林寺内第二个院落是大雄宝殿和东西厢的千佛殿、菩萨殿，布局较为宽敞。大雄宝殿是明初重建的，是全寺中最高大的建筑。殿内主像为"三身佛"，两侧是文殊、普贤坐像。三身佛前有铁铸包泥"接引佛"迎门而立。这些塑像经过清代重新妆绘，比其他殿的塑像略有逊色。殿内还有明代绘制的壁画《礼佛图》，壁画线描挺拔，设色艳丽，有元代的遗风。

千佛殿殿内彩塑达五百余尊，占全寺四分之一。主像为自在观音，面相恬静妩媚，姿态舒畅自然。左右侧塑韦驮和夜叉立像。千佛殿的韦驮像极富个性特征，这个塑像是由一条从头到脚贯穿于全身的S形曲线表现出来，特别是腰部的塑造非常夸张，达到一种人体所不能及的程度，却丝毫没有造作、别扭之感。中央美院雕塑家钱绍武先生在看完这个塑像之后，曾题词"雄健英武，可谓全国韦驮之冠"。韦驮像是明代彩塑中少见的艺术杰作。殿内四周为悬塑和壁塑，五百菩萨分为五至六层，或驾祥云，或骑异兽，与主像联系照应，浑然一体。

中院的西侧为菩萨殿，主像为千手千眼观音。千手观音仪容端庄而典雅，神态温柔而又安详。每支胳膊塑造得圆润丰满，跟身体的比例恰到好处，没有生硬和造作的感觉，达到了雕塑艺术中和谐、完美的境界。殿四周悬塑四百多菩萨，皆脚蹬彩云，做行进状，大有衣纹飘动，满壁生风之感。这众多的形象，艳丽的色彩，生动的造型，构成了一座古代雕塑艺术的殿堂。

最后一座建筑为娘娘殿，是明朝正德年间建造的。殿内供奉的"送子娘娘"是根据民间传说塑造出来的。人们在这里求子，希望能够得到送子娘娘的恩赐，得到孩子。前檐墙内有清代壁画"送子图"。娘娘殿东侧小殿为贞义祠，内塑"睡姑姑"和"药婆婆"塑像，是民国年间重新塑造的。

> **知识链接**
> 1997年双林寺与平遥古城墙、镇国寺等主要景点一同列入《世界文化遗产名录》，被联合国教科文组织称为"真正的、独一无二的珍宝"。

平遥镇国寺

镇国寺位于平遥县城东北12千米的郝洞村。镇国寺始建于五代北汉天会七年（963年）。现存寺内的建筑大多为明代重建，只有万佛殿及内塑像仍为五代遗物。

镇国寺建筑不同于其他木构建筑的是，全寺没有一颗钉子，所有结构都是木头与木头相互卯榫而成，是中国古代建筑中的一大瑰宝。

▲镇国寺的虎槐

万佛殿是全寺的主殿，因为殿内墙壁上布满了彩绘的佛像壁画，所以名为"万佛殿"。万佛殿建于北汉天会七年（963年），其建筑时间仅次于五台山南禅寺大殿、佛光寺东大殿之外，是全国名列前茅的重要古建筑，是我国现存的唯一的五代时期木结构建筑，被称为"千年瑰宝"。大殿屋顶庞大，出檐深远，给人以雄伟壮观、气势非凡的艺术美感，显示了我国古代建筑科学的非凡技能，成为我国建筑史上的不朽杰作。殿内佛坛宽大，上面有佛、弟子、菩萨、童子等彩塑共11尊，主像为佛教创始人释迦牟尼。这些塑像均为五代作品，是除敦煌莫高窟外，内地五代彩塑像保存至今的孤品。这些彩塑面容丰满，保持着唐代遗韵。此外，在地藏殿、三佛殿内，有明代彩色泥塑像。三佛殿内还有描绘释迦牟尼生平故事的壁画。这些都是我国不可多得的历史文物。在万佛殿前的两棵古槐树，名为"龙虎槐"，姿态奇特，虽高不及一丈，但枝体斑驳，酷似虬龙、猛虎，其弯曲的枝干，错纵交杂，似云雾缭绕，为寺内的一大景观，历来为游人所咏叹。

现在的镇国寺，依然保持着那份古老的优雅和恬静。这里的空灵和庄严是其他寺院无法比拟的。人们可以在这里寻求一种神圣和安宁的感觉。

珍藏中国 中国的寺院

山西应县佛宫寺

▲应县木塔

佛宫寺始建于辽清宁三年（1057年），初名宝宫禅寺。佛宫寺的现存建筑主要有山门、僧堂、客堂和释迦塔等。

在元顺帝时，佛宫寺曾经历过长达七天的地震，但木塔依然岿然不动，可见木塔质量之好。塔身底层南北各有一个门，每层装有木质的楼梯，游人可以逐级攀登，最终爬到顶端。二至五层每层有四个门，均设木隔扇，光线充足，出门凭栏远眺，恒岳如屏，桑干似带，尽收眼底，心旷神怡。

作为佛塔，应县木塔的明层有塑像和壁画，精彩生动，栩栩如生。每一层都有不同的塑像。在第一层正中，有一尊高达十米的释迦牟尼佛像，墙上有六幅如来画像及金刚、弟子、供养人等。第二层是一佛、二菩萨和二胁侍的塑像。第三层塑造的是四方佛。第四层塑造的是佛祖和阿难、迦叶、文殊、普贤的塑像。第五层塑造的是毗卢舍那如来佛和八大菩萨塑像。这些塑像，都是佛宫寺文物中的珍品。

千百年来，无数帝王将相、文人雅客、佛门高僧来此游览。他们留下了60余块珍贵匾联。佛宫寺中与木塔齐名的是在塔内发现的一批极为珍贵的辽代文物，其中尤以两

知识链接

释迦塔又名应县木塔，是佛宫寺内现存最为珍贵的文物。释迦塔位于寺内南北中轴线上的山门与大殿之间的位置。木塔距今已有950多年的历史，是我国现存最高、最古老的木结构的楼阁式佛塔。塔平面为八角形，五层六檐楼阁式。塔基为一座中心夯土的二层砖石台，下层为方形，顶层为八角攒尖顶。从外看，塔高五层，加上暗层，塔内实为九层。塔内各层均塑有佛像，每层檐下还装有风铃，微风吹动，叮咚作响，十分悦耳动听。

颗佛祖释迦牟尼的真身遗骨佛牙舍利弥足珍贵。应县佛宫寺释迦木塔，历经千年的风雨侵蚀、地震战火、人为破坏，至今仍保存完好，傲然屹立，被世人称为"千古之谜"。

交城玄中寺

在山西省交城西北的山中，有一座非常著名的寺庙，叫做玄中寺。玄中寺以保存众多的历代碑刻著称于世。玄中寺还是中国和日本净土宗佛教一个非常神圣的寺庙，是中日文化交流的纽带。

据记载，北魏孝庄帝永安年间，高僧昙鸾在玄中寺创立了佛教净土宗派，并著写了《往生论注》等书。唐代时，日本高僧圆仁来中国学习佛教的天台宗和密宗教义，同时也学习了净土宗教义，从此中国佛教中的净土

▲玄中寺

宗就传播到了日本。以后，日本高僧源空（号法然）开创了日本净土宗，其弟子源信（号视鸾）又开创了净土真宗。这两个宗派的信徒、弟子都称中国的昙鸾、道绰、善导等为祖师，把玄中寺视为祖庭。凡日本这两个宗派的佛教弟子来中国参观、访问，都要到玄中寺进香。

玄中寺的山门正中悬挂着"永宁禅寺"的牌匾，四个大字金光闪烁。天王殿是玄中寺中历史最为悠久的大殿，正中供弥勒佛像，两边为泥塑持国天王、增长天王、广目天王和多闻天王四大天王的神像。

大雄宝殿西侧的院内有祖师堂。堂内悬挂昙鸾、道绰、善导三位法师的画像。佛龛前悬挂着一对精美幢幡，这些都是日本净土宗寺庙赠送的。七佛殿悬挂着"西方圣境"门匾，殿内供奉着七尊金身佛像，称为"过去七佛"，是佛教供奉的历代祖师。殿内藏有明代的南藏经卷1000多卷，是研究佛学的重要文献。千佛殿为该寺的最高点，在千佛殿，可以将周围的美景尽收眼底。

玄中寺历经沧桑，文物散失颇多，但是经各方的努力保护，现今所藏文物也初具规模。玄中寺文物众多，而其中最为珍贵的，当属历代的碑刻了。这里有北魏、北齐和隋朝的造像碑，唐朝的戒坛碑，寺庄山林四至碑，石壁寺铁弥勒颂碑。其中铁弥勒颂为唐开元年间我国女书法家、太原参军房磷之妻高氏所书，文理通顺，字体挺秀，被誉为珍品。此外，还有宋、元、明、清的碑刻数十座，或竖于廊下，或嵌于殿侧，楷、行、隶、篆皆备，都是具有艺术价值的作品，这些都是我国民族历史文化遗产中宝贵的财富。

> **知识链接**
>
> 玄中寺始建于北魏孝文帝延兴二年（472年），落成于承明元年（476年）。后来，玄中寺得到了皇家重视，玄中寺也不断扩建，香火十分旺盛。以后，玄中寺屡次经历战火，也屡次重建。现存的寺院是1949年重修的，寺院的主要建筑有天王殿、大雄宝殿、七佛殿、千佛阁等。

朔州崇福寺

辽金时期，中国佛寺众多，但很可惜留存下来的却非常少。崇福寺是我国现存辽金时期规模最大的三大佛寺之一。崇福寺位于朔州市城区东街北侧，是一处规模很庞大的古寺庙。寺内保存的金代建筑、金代泥塑像和金代壁画，远近闻名。

崇福寺坐北向南，东边是城墙，西边是民居。寺庙的山门门前蹲着一对石狮子，门上悬挂着"崇福寺"竖匾。崇福寺的天王殿又称为"金刚殿"，殿内供奉着四大天王和两大金刚。金刚殿结构简洁牢靠，跟山门都是清代乾隆年间重新建造的，殿内的塑像没有保存下来，现在改造成了平朔汉墓出土文物展览室。

千佛阁在明代以前是收藏经文的地方，所以曾经被称为"藏经楼"，明代在藏经楼的四周设立了很多佛像，因此更名为"千佛阁"。千佛阁阁内正面是一尊铜铸的弥勒佛像。东边有七尊砂岩造像，是从朔州神武乡旧庙遗址中出土；西边七尊贴金檀木造像，是朔州西山名刹神应寺遗物。

三 汉地寺院品读

弥陀殿是崇福寺的主殿，也是寺内最大的殿堂，被誉为金代文化艺术的殿堂，距今已有850多年历史。弥陀殿建于2米多高的台基上，高大宽敞，殿顶绿色琉璃剪边，殿内前檐隔扇、窗棂花典雅、精美，是国内现存的一处保存完整的金代作品。佛坛上，有"西方三圣"坐像三尊，主像两侧有胁侍菩萨四躯，金刚两尊。殿内四壁绘满壁画，以描绘佛教讲经说法的内容为主，有释迦牟尼说法图、千手千眼十八面观音像等共计340多平方米，整个壁画庄重宏伟，气势夺人，画工精细，设色以朱红、石绿为主，色彩绚丽，壁画与佛像交相辉映，大殿更加金碧辉煌。

在崇福寺众多的文物藏品中，北魏六安元年（466年）建造的千佛石塔刹最为著名。千佛石塔是北魏奉佛的圣物，是崇福寺镇寺之宝。据塔底题记

▲崇福寺弥陀殿

95

载,这座塔是北朝天安元年(466年)献文帝拓跋弘的小臣曹天度倾全家资产雕造,距今已有1500多年的历史。塔身高205厘米,共九层,塔身上面共浮雕佛像1400多尊。特别是侍立菩萨像高1.81米,与真人一样大小。石塔最生动的地方在于,在龛左右起"枭混"曲线,左右上部有小佛围抱,全然塑造出了一个佛的世界。造像及艺术风格与云冈石窟塔柱惟妙惟肖。各层四角上部翘出塔檐,完全仿木结构雕制。石塔立面形象精湛美丽,塔的轮廓微微内收、挺拔俊秀,呈四角锥体状,为中国重楼建筑与印度塔身构造巧妙结合的产物。

> **知识链接**
>
> 崇福寺始建于唐朝麟德二年(665年),由当时的鄂国公尉迟敬德奉皇帝的旨意建造,刚开始叫做大藏经阁。到了辽代,寺院被改为林太师的府衙,后来又改回为寺庙,取名为林衙寺。金代熙宗年间,寺庙扩建,大兴土木,初步具有了现代的规模,明清时代又有一些建设。

洪洞广胜寺

广胜寺位于洪洞县城霍山南麓,寺区古柏苍翠,山清水秀,风景秀丽。寺内的飞虹塔、大藏经《赵城进藏》和元代壁画,被人们称为"三绝"。广胜寺始建于东汉建和元年(147年),初名阿育王寺,又名俱卢禅寺。在后来,广胜寺屡经战火,又屡次修复,至今广胜寺都是一处重要的宗教圣地。

广胜寺由上寺、下寺、水神庙三组古建筑组成,布局严谨,造型别致。上寺在霍山山顶,主要建筑有山门、大雄宝殿、毗卢殿、弥陀殿和飞虹塔等。下寺在霍山山麓,主要建筑有天王殿、弥陀殿、大佛殿等。上寺与下寺相聚500多米。水神庙在下寺旁,主体建筑为明

▲广胜寺飞虹塔

应王殿。

上寺建筑多为明代时期建造的。飞虹塔是上寺最有名的建筑，是广胜寺的标志性建筑，是我国现存历史最久远、建制最高大的七彩琉璃塔，有"中国第一琉璃塔"之称。该塔始建于明朝嘉靖年间，八角形，高47米，共13层，表面以三彩琉璃作为装饰，在阳光下，整座塔折射出五彩绚丽的光芒，犹如一道凌空而下的彩虹，"飞虹塔"的称呼就是由此而来。塔上雕刻绘制的佛、菩萨、金刚、力士、天王、居士等把飞虹塔自下而上打扮得绚丽多彩，至今480多年已过，色泽仍完好如初。清康熙三十四年（1695年）临汾盆地发生八级地震，此塔安然无恙。

飞虹塔后为五间弥陀殿，殿内供奉着铜铸的一尊弥陀大佛，连同"千叶莲花座"，高三米有余，盘坐着的两个大膝盖如同一个很不平坦的小舞台，神态奕奕，栩栩如生。弥陀佛两侧塑有观音、大势至二菩萨，姿态俊俏，体稍前倾，衣带飘洒，近似宋塑，受到古今雕塑家的一致赞赏。弥陀、观音、大势至合称为"西方三圣"。殿内东墙上是幅大型壁画，绘出了天上、人间、地狱的不同行界。殿中扇面墙上也是幅巨型壁画，题为"众菩萨拜三世佛"，画工精细，色彩富丽，为建殿时的作品。壁画下面高一米的佛台上塑有大肚弥勒佛，露怀敞胸，喜笑颜开，一副滑稽相，令人忍俊不已，但又不能不被他那豁达大度、蔑视世俗的博大胸怀所感染。明太祖朱元璋为他写了副很好的对联："大肚能容，容天下难容之事；慈颜常笑，笑天下可笑之人"。大殿在建筑方面富有创造性，上部用额梁构成了镜口

> **知识链接**
>
> 广胜寺下寺中最有特色的当属明应王殿中的元代壁画。在水神庙的四周墙壁上，遍布着色彩鲜艳的壁画，其内容除神话故事以外，还有普通街市、村舍农家等各个场景中的各种人物，具有浓郁的生活气息，可以看做是当时社会的一个缩影。为后世的人们研究元代的生活习俗提供了宝贵的资料。在水神明应王殿内四壁绘有近200平米的元代壁画，尤以南壁东一幅戏剧壁画著称于世。这些元代壁画是我国古代壁画中的上乘之作，十分可贵，被人们誉为广胜寺文物的第三绝，它是目前全国唯一保存的大型元代戏剧壁画。1998年，该画与古壁的打球图同时被编入《中国历史》教科书。

形框架，四侧又使用了六根大斜梁，用以支撑上部梁架的压力。整个大殿，结构巧妙，独到新颖，是我国现存明代建筑的唯一佳作。殿内东西两侧排列着空腹经柜，这些空腹经柜里曾经存放过国内独一无二的稀世珍宝——世界孤本《赵城金藏》，现存放在北京图书馆。《赵城金藏》刻印于近代，是我国历史上第一部汉文大藏经——宋代《开宝藏》的复刻本，被称为广胜寺第二绝。

广胜寺下寺由山门、前段、后殿、垛殿等建筑组成，此外还包括毗邻的水神庙。水神庙是传说中霍泉水神的祀祠，每年农历三月十八也是水神诞日。霍泉有悠久的历史，早在万年以前，这一地下水从山脚磐石中喷发而出，泉水清澈见底，在此汇集成潭，为水神庙一胜迹。水神庙是祭祀霍泉神的风俗性祭祀庙宇，包括山门（元代戏台）、仪门、明应王殿等建筑。

水神庙前的水池，人称海场，这就是霍泉的源泉。池中，泉水喷涌，池边，垂柳成行，这些都使古老的广胜寺显得分外美丽。广胜寺正以这种独特的风格和诱人的艺术魅力，吸引着成千上万的游客前来旅游、观光。

永济普救寺

▲普救寺

三 汉地寺院品读

普救寺原名永清院，位于山西省永济市的峨眉源上，是一座佛教十方禅院，据史料记载，隋初已是一座千年古刹。原名西永清院，五代时更名普救寺，明代初年，普救寺规模达到全盛，千余年来，几经沧桑，反复兴废。

普救寺前有108级台阶，代表人生的108种磨难，在普救寺有这样的说法：只要诚心地登完这些台阶，便会消灾免难，接福接寿。大雄宝殿是寺内最大的仿唐建筑，大雄宝殿内供着三尊石佛。这三尊石佛都是立像，均是80年代修复普救寺时在塔后33米处的地下出土的。从佛像的艺术风格看，这应是南北朝时期的作品。据说，另外两尊佛像出土时没有头，现今的佛像头部是以后加上去的。

> **知识链接**
>
> 普救寺因《西厢记》而名声鹊起。莺莺塔是普救寺的标志，其原名是舍利塔，因为《西厢记》而改名，莺莺塔自明代嘉靖年间重修，至今已有430多年的历史了。
>
> 莺莺塔形制古朴，蔚为壮观，平面呈四方形，底层边长8.35米，南向辟门，内为方室，室内后壁有一佛龛。第一层塔室不设楼梯，室顶砌作叠涩八角穹隆，中有一孔可通上层。第一层以上塔身内部皆为方形空筒。塔上壁用砖叠涩出檐13层，塔身高40米。二至九层，塔壁内设有转角通道，设台阶，可攀登盘旋而上。二层以上各层四面辟门，但真假相间，门顶作拱形，真门可供游人眺望。
>
> 莺莺塔最奇特之处，在于它能传出蛙叫之声。在离塔15米处，以石块互击，即有从塔内传来"嘎哇"的蛙叫声，清晰无比。或鼓掌或喊叫三声，亦会传来蛙声三响，奇妙无比，令人惊诧不已。莺莺塔回音壁与北京天坛回音壁、三门峡宝轮寺塔、四川潼南大佛寺的"石磴琴声"（简称石琴）齐名，被誉为中国古园林中现存的四大回音建筑。"普救蟾声"给莺莺塔罩上了一层神秘的色彩。

秦川渝寺院

长安香积寺

香积寺位于陕西省长安县境内,是我国佛教净土宗的祖庭。寺内保存的我国佛教净土宗实际创始人善导大师的墓塔,驰名海内外。

香积寺始建于唐神龙二年(706年)。唐高宗永隆二年(681年),善导圆寂,弟子怀恽为纪念善导功德,修建了香积寺和善导大师供养塔,使香积寺成为中国佛教净土宗正式创立后的第一个道场。这里南临濠河,北接风景秀丽的樊川,整个寺院幽静但不偏僻,寂静但不冷落。当时的寺院规模宏大,武则天和唐高宗都曾来此礼佛,并"倾海国之名珍"、"舍河宫致密宝",赐给香积寺。因善导在长安拥有众多信徒,这里供奉着皇帝赐给的法器、舍利子,故前来瞻仰拜佛的人络绎不绝,香火极盛。唐"安史之乱"和唐武宗灭佛事件中,香积寺遭到严重破坏。直到宋朝时,香积寺又得到修复。宋太平兴国三年(978年),香积寺又改名为"开立寺",不久又恢复了原名。宋元期间,长安衰落,寺院年久失修,到明嘉靖年间才进行了大规模的修复。清朝时,香积寺仍保持明朝的

知识链接

善导大师(613—681年)是山东临淄人,是唐朝弘扬净土宗的祖师,号"莲花第二祖"。他依据《无量寿经》、《观无量寿经》及《往生论》等佛教经典,认为世风混浊,倡导"乘佛原力",只念"阿弥陀佛"名号,便可往生西方极乐世界。他广招信徒,后在终南山修行,著有《观无量寿佛经疏》、《般舟赞》等。8世纪中叶,善导阐述净土宗理论的著述《观无量寿经疏》传入日本。随后,善导及净土宗在日本影响逐步扩大。12世纪时,日本僧人法然上人依据善导的《观无量寿经疏》创立了日本净土宗。善导的《观无量寿经疏》就成为日本净土宗的根本圣典,香积寺与山西交城的玄中寺齐名,也成为日本净土宗的祖庭。在香积寺善导塔内有日本净土宗所赠善导、法然二祖对面像,画像象征着中日两国友好交往的历史。

规模，并进行了修葺。直到清末，寺内还保有许多金石文物，仅历代雕刻就119件。虽然香积寺历代都有维修和扩建，但到中华人民共和国成立时，寺内仅存有唐塔两座、清代修建的大殿三间及数量有限的僧房，寺内现存的其他建筑为1980年重建的。

如今的香积寺，建筑宏伟，古朴典雅。大雄宝殿内宽敞明亮，肃穆庄严，龛台上供奉着阿弥陀佛接引站像，顶上高悬金色宝盖；佛前安放着日本净土宗所赠善导大师彩绘坐像。善导安然端坐在莲花座上，双手合十，手挂念珠，专心念佛。坐像前两边幢幡幔垂，宫灯灿烂，法器陈列井然。殿前有雕工精巧的两座石灯，为日本净土宗所赠。

西安香积寺塔（萧默）

▲香积寺塔

殿后是法堂，堂内供奉着释迦牟尼佛坐像，两侧为阿难、迦叶二位尊者，法堂前有两棵银杏树。寺内还存有唐代石刻陀罗经幢及石碑碑额。

善导塔是寺内现存最古老的唐塔，修建于680年。塔系青砖砌成，壁厚2米，平面正方形，为仿木结构。塔顶因年久残毁，现存十一级（据载原为十三级），高33米。塔身周围保存有鞍形的十二尊半裸古佛，雕刻精巧，实为珍品。塔基层四面有门，南门楣额上嵌有砖刻的"涅槃盛事（时）"横额，是1768年修补时所作。塔身四面刻有楷书，内容为《金刚经》，字迹雅秀，笔力遒劲，颇引人注目。善导塔东有一唐代的砖砌小塔，这是善导弟子的墓塔。

关中塔庙始祖——法门寺

法门寺被称为关中塔庙始祖，坐落于陕西省宝鸡市扶风县城北10千米处的法门镇。

法门寺的建寺时间，从唐代时就已无法确定了。一种说法是根据出土的汉代瓦当、砖刻，认为法门寺始建于东汉末年桓灵年间，距今约有1700多年

珍藏中国 **中国的寺院**

▲法门寺合十舍利塔

的历史；另一种说法认为法门寺及真身宝塔始建于古印度阿育王（公元前273年—公元前232年）兴建八万四千塔之时，是先建塔后建寺。北周以前法门寺名为阿育王寺，寺塔名为阿育王塔。

　　法门寺的建筑格局是依照我国早期佛教寺院的格局布置的，为塔前殿后，即以真身宝塔为寺院中轴，塔前是山门、前殿，塔后是大雄宝殿。真身宝塔几经易改，由唐四层楼阁式塔到明十三层砖塔，现如今是按坍塌前的明塔实测图施工复原，以钢筋水泥为骨架，青砖砌成。塔内还修建了平台供游人登高眺望。法门寺地宫是按唐朝的状况复原的，整个地宫用汉白玉和石灰石板构筑而成，内壁和石门上布满雕刻。仅存于世的佛指舍利就在地宫的中央供奉。

　　2009年，在法门寺又建成一座高达148米的合十舍利塔，是目前世界上最高的佛塔，为全世界的佛教建筑注入新的生命力。法门寺以其悠久的历史，珍贵的文物，必将成为21世纪世界佛教文化的中心。

> **知识链接**
>
> 法门寺以世界十大之最著称于世：
>
> 1、法门寺地宫，是目前世界上发现年代最久远、规模最大、等级最高的佛塔地宫。
>
> 2、法门寺地宫出土的佛指舍利（一个金骨和三个影骨），是目前世界上发现的有文献记载和碑文证实的释迦牟尼佛真身舍利，是佛教世界的最高圣物。
>
> 3、法门寺地宫文物的陈列方式，是目前世界上发现的最早的唐代密宗之金胎合曼荼罗。
>
> 4、法门寺地宫里27 000多枚钱币中，13枚玳瑁开元通宝是目前世界上发现的最早的、绝无仅有的玳瑁币。
>
> 5、地宫出土的一整套宫廷茶具，是目前世界上发现的年代最早、等级最高、配套最完整的宫廷茶具，打破了日本茶文化起源说。
>
> 6、地宫中出土的双轮十二环大锡杖，长1.96米，是目前世界上发现的年代最早、体型最大、等级最高、制作最精美的佛教法器。
>
> 7、地宫中发现的13件宫廷秘色瓷，是目前世界上发现的年代最早，并有碑文证实的秘色瓷器。
>
> 8、地宫中发现的700多件丝织品，几乎囊括了唐代所有的丝绸品类和丝织工艺，堪称唐代丝绸的宝库，是唐代丝绸考古的空前大发现。
>
> 9、盛装第四枚佛指舍利的八重宝函，是目前世界上发现的制作最精美、层数最多、等级最高的舍利宝函。
>
> 10、安奉第三枚佛祖真身舍利的鎏金银宝函，上面錾刻金刚界四十五尊造像曼荼罗，是目前世界上发现最早的密宗曼荼罗坛场。
>
> 这些都是法门寺最为珍贵的文物。

西安大慈恩寺

大慈恩寺位于陕西省西安市和平门外，是世界闻名的佛教寺院，唐代长安的四大译经场之一，也是中国佛教法相唯识宗的祖庭。唐僧玄奘取得真经之后，就是回到这里来翻译佛经的。

慈恩寺始建于唐贞观二十二年（648年），是唐高宗李治做太子时，为追念他母亲文德皇后而扩建的，迄今已有1360年的历史。那时，寺院的规模很大，共有13个院落，897间房屋，云阁禅院，重楼复殿，异常豪华。后世虽然不断修理,但现存的慈恩寺只为唐代慈恩寺的七分之一。

慈恩寺的现存建筑有钟鼓楼、大雄宝殿、法堂、大雁塔、玄奘三藏院。

寺院山门内,钟楼、鼓楼对峙。钟、鼓是寺院的号令,俗有"晨钟暮鼓"之说。东侧钟楼内悬吊明代铁钟一口,为明代嘉庆二十七年十月(1548年)铸造,重达三万斤,高3米多,上铸有"雁塔晨钟"字样,为著名的关中八景之一。此外,寺内牡丹亭种植有名贵牡丹70多种。

大雁塔,又名慈恩寺塔,是唐永徽三年(652年)由唐三藏玄奘为安置从印度带回的经像、舍利,奏请高宗允许而修建。唐永徽三年(652年)三月,玄奘法师想在大慈恩寺端门之阳造一座高30丈的石塔,一、是安置、保存从西域请回来的经像,以避免年久散失,兼防火患;二、是借以显大国威风;三、是作为释迦牟尼佛的故迹垂世,供人瞻仰。高宗闻讯,向法师提出三条意见:一、用石造塔,工程大,恐难速成,宜改用砖造;二、不用法师辛苦、破费,一切用度皆以大内、东宫、掖庭等七宫亡人衣物折钱支付;三、建塔地点改到旧寺的西院。在建塔奠基之日,玄奘法师曾自述诚愿,略述自己皈依佛门经过、赴印求法原因、太宗父子护法功德等。慈恩寺塔从此成为

▲大慈恩寺大雁塔

陕西乃至全国的一处著名名胜。现塔高64.5米,共七层,塔底呈方锥形,底层每边长25米,塔内装有楼梯,供游人登临,可俯视西安全貌,令人心旷神怡。塔上有精美的线刻佛像,有著名的《大唐三藏圣教序》、《大唐三藏圣教序记》碑,碑文是我国唐代著名的书法家褚遂良书写的。此外,大雁塔内还有中国名塔照片展览、佛舍利子、佛脚石刻、唐僧取经足迹石刻等。唐代学子,考中进士后到慈恩塔下题名,谓之"雁塔题名",后沿袭成习。

大雁塔北面的玄奘三藏院,殿上供奉有玄奘法师的顶骨舍利和铜质坐像,殿内壁面布满唐代高僧玄奘法师生平事迹巨幅壁画,为铜刻、木雕和石雕,是当前规模最大的玄奘纪念馆,供游人瞻仰参观。

西安荐福寺

荐福寺位于陕西省西安市南门外的友谊西路上,寺内坐落着著名的小雁塔。

荐福寺创建于唐文明元年(684年),初名献福寺,是唐睿宗李旦为其父唐高宗死后献福而建的佛教寺院。武则天天授元年(690年)改名为荐福寺。荐福寺是唐代重要佛经翻译场所之一。荐福寺与大慈恩寺一起,在皇家的庇护下走向兴盛。到唐武宗会昌年间灭佛时,荐福寺被敕令保留20僧人维持香火,使荐福寺的香火一度衰落。唐末兵火战乱中,荐福寺屡遭破坏,寺院毁废,只有小雁塔得以保存。到明宣德元年(1426年)陕西西宁卫弘觉寺番僧勺思吉蒙钦锡度牒,到荐福寺住坐,见这里殿堂荒废,发愿重修。正统十四年(1449年)

▲ 小雁塔

大修竣工，勺思吉向朝廷乞赐寺名。如今的"敕赐荐福寺"就是当年英宗皇帝的亲笔。辛亥革命以后，荐福寺曾两次被沦为战场，殿宇毁坏严重。

荐福寺的山门为晚清时建，北面刻写着"最胜法门"，南面刻写着"敕赐荐福寺"。

小雁塔的修建与唐代高僧义净有关。唐代高僧义净在唐高宗咸亨元年（670年）从长安出发，经广州取海路到印度，历时25年，带回佛经400余部，于武则天证圣元年（695年）回到洛阳，唐中宗神龙二年（706年）入荐福寺译经。除翻译了五十六部佛经，还撰写出《南海寄归内法传》、《大唐西域求法高僧传》。义净已成为与玄奘齐名的学识渊博、影响很大的翻译家和著作家。为了存放从天竺带回来的佛经、佛图，义净上书请求唐中宗出资修建荐福寺塔。唐中宗景龙年间（707—709年）在荐福寺所在的开化坊之南的安仁坊浮图院中修建了小雁塔。

▲ 荐福寺大雄宝殿和小雁塔

明成化二十三年（1487年），西安地区发生地震，小雁塔从顶至基裂缝一尺余，明嘉靖三十四年（1555年），关中再次地震，小雁塔塔顶二层倒掉。从那时起，小雁塔便成了十三层，高度变为45米。

此外，荐福寺内存有大量石刻，以明清的碑刻居多，最早的是小雁塔

知识链接

荐福寺建筑的精华为小雁塔。小雁塔本名为荐福寺塔，始建于唐代景龙年间（707年），是一座典型的十五层密檐式砖塔。小雁塔是仿慈恩寺的大雁塔而建的，且体量稍小，故名小雁塔。小雁塔与位于西安南郊大慈恩寺内的大雁塔是唐代长安城保留至今的两处标志性建筑。

塔底南北弓形青石门楣，上有唐代石刻。钟楼内的古钟为金代章宗明昌三年（1192年）造，重8 000千克，有铭文约千字。在钟楼旁的铁架上还悬有一口明弘治七年（公元1494年）造的小铁钟。寺中还有千年古槐10余棵。

每天清晨荐福寺内会定时敲钟，数十里内都可听到。钟声清亮，塔影秀丽，在古城中别有一番韵味。"雁塔晨钟"成为"关中八景"之一。清代诗人朱集义曾题诗赞道："噌弘初破晓来霜，落月迟迟满大荒。枕上一声残梦醒，千秋胜迹总苍茫。"

草堂寺

草堂寺位于陕西省户县圭峰山北麓。该寺约创建于东晋末年，距今1500多年。这里东临淄水，南对终南山，景色秀丽。草堂寺内松柏参天，亭阁玲珑。

草堂寺坐北向南，高大的山门上方挂着赵朴初先生所书"草堂寺"金字横匾。沿青砖林荫道北行，道旁立一座古色古香钟亭，挂一口明万历十九年（1591年）铸巨钟。钟脚饰以浮雕龙凤狮子图纹。与钟亭相对是碑亭，内有《唐故圭峰定慧禅师碑》。定慧禅师是华严宗祖师之一，曾在草堂寺著书讲学，并以习禅称世。此碑由唐朝宰相、书法家裴休撰写，柳公权篆额，笔力劲健，是唐碑珍品。

草堂寺现存最大殿堂是"逍遥三藏"殿。该殿横匾由兴善寺方丈妙阔法师草书题目，体势遒劲超逸。殿内正中供奉明朝施金泥塑佛像，佛像前安放着日本日莲宗奉送的鸠摩罗什坐像。鸠摩罗什在草堂寺译出了《妙法莲花经》七卷，成为天台宗盛典。804年日本高僧最澄来我国游学，在天台山从道遂、行满二法师习天台教观，归国后在比睿山学习天台宗至1253

> **知识链接**
>
> 草堂寺是佛教著名的古刹，也是三论宗的祖庭。后秦国王姚与崇尚佛教，于弘始三年（401年）迎请龟兹高僧鸠摩罗什来长安，住在逍遥园西明阁翻译佛典，后在园内建草堂寺，供罗什居住。由于鸠摩罗什译经场以草荐盖顶，故得名为"草堂寺"。

年，专学鸠摩罗什译著，建立日莲宗。这样，日本日莲宗信徒为了表达对鸠摩罗什的敬仰和对草堂寺的向往，捐资雕塑了鸠摩罗什三藏法师坐像。像高1.2米，用一整块楠木刻成，一双慧眼，满面含笑，栩栩如生。

草堂寺经历了千余年的历史沧桑，香火不断，高僧辈出。历代文人墨客在此寻忧觅古，留下许多感人的诗文。今天，寺内现有住僧十多名，他们仍然发扬着"一日不作，一日不食"的"农禅并重"优良传统。

▲草堂寺鸠摩罗什塔

兴教寺

兴教寺位于西安城南,长安县杜曲镇少陵原畔，是唐代著名翻译家、旅行家玄奘法师长眠的地方。664年,著名高僧玄奘法师圆寂后，葬在西安东郊产河东岸白鹿原上，唐高宗二年（669年）又改葬为樊川风栖塬，并修建了五层灵塔,次年因塔建寺,唐肃宗题"兴教"二字，从此取名兴教寺。

兴教寺坐北朝南，门内钟鼓两楼夹道对峙，气象庄严，远眺终南山，峰峦叠嶂，景色秀丽，是佛教人士游览和瞻仰玄奘遗迹的胜地。

兴教寺寺区周围有古槐数株，山门前有大狮子一对，山门正对戏台一座。杨升庵、李元阳咏海棠诗匾一块。明嘉靖十年杨升庵和李元阳同游兴教寺。杨升庵见兴教寺的两株海棠，花枝簇灼，光彩照人，一股落难才子的情愫涌上心来，不觉咏道："两树繁花占上春，多情谁是惜芳人；京华一朵千金价，肯信空山委路尘。"这便是著名的杨升庵《题兴教寺海棠》诗。李元阳对杨升庵的为人与才学十分钦佩，对他的坎坷遭遇十分同情，以同题吟了一首慰藉他的诗："国色名花委路旁，今年花比去年芳；莫言空谷知音少，也有题诗玉署郎。"兴教寺的两株海棠自杨升庵、李元阳题咏之后，年年花似锦，岁岁灿若霞。

玄奘塔立于兴教寺塔院正中，塔背嵌有唐文宗开成四年（830年）篆刻的《大遍觉法师塔铭》。左边的陪侍塔中安葬着他的弟子圆测法师灵骨，右边的陪侍塔中安葬着他的另一位弟子窥基法师灵骨。

兴教寺大殿四周外山墙顶部现存有明朝永乐十五年绘制的20余幅壁画。壁画出自沙溪甸头村白族画匠张宝之手。兴教寺残存的20余幅壁画，色彩鲜艳，宗教色彩浓厚。最有特色的当数正殿外间门楣上的《南无降魔释迦如来会》、殿南面右山间外壁上的《罗遮大佛母》、殿南面外间外壁上的《太子游苑图》。这些都是兴教寺宝贵的财富。

▲兴教寺玄奘塔

西安大兴善寺

大兴善寺位于西安城南约2.5千米的小寨兴善寺西街。大兴善寺始建于晋武帝司马炎泰始至泰康年间（265—289年），距今1600余年。初称遵善寺。隋文帝杨坚开皇二年（582年），在遵善寺的基础上进行扩建，因寺院在都城大兴城的靖善坊中，故易名"大兴善寺"。

大兴善寺天王殿内供奉明代托纱金装的弥勒菩萨造像，两侧供奉有四大天王塑像。天王殿是山门后南北中轴线上的第一重殿宇，内部正面供奉有大肚弥勒佛，东西两侧塑有四大天王像。

大雄宝殿是明代建筑，位于弥陀殿后方，建筑古朴庄严，内部供奉有三世佛造像，东西两侧为十八罗汉造像。罗汉是"阿罗汉"的简称，小乘佛教中阿罗汉是佛教徒修行的最高位，但是在大乘佛教中，罗汉则是只能达到"自觉"而没有能力去"度人"的"四圣"中最低的一级，故而诸罗汉在佛灭后不入涅槃而常驻世间弘法。寺庙中的罗汉大多是释迦牟尼的亲传弟子，只有少数是后世修行有为的比丘。

大兴善寺既是一座具有悠久历史的佛家寺院，也是一处旅游观光胜地。在繁华而喧闹的古都西安，大兴善寺古柏森森，遮天蔽日，给人以无限的幽雅与肃穆。

▲大兴善寺

成都文殊院

文殊院位于成都市城北文殊院街，是川西著名的佛教寺院，中国佛教禅宗四大修持场所之一。寺内保存有唐代玄奘法师的顶骨、宋代铁铸护法神像和绣像《金刚经》。

文殊院始建于五六世纪的南北朝时期，它的前身是唐代的妙圆塔院，宋时改称信相寺。明朝末年，信相寺毁于兵火，唯有十尊铁铸护戒神像和两株千年古杉保存了下来。

清康熙二十年（1681年），慈笃禅师来到荒芜的古寺，在两杉之间结茅为庐，苦行修持。传说慈笃禅师圆寂火化时，红色火光在空中凝结成文殊菩萨像，久久不散。人们认为慈笃是文殊菩萨的化身，从此改信相寺为文殊院。康熙三十六年至康熙四十五年（1697—1706年），官绅军民捐资重修寺庙。嘉庆、道光年间，文殊院方丈本圆法师又采办了82根石柱，改建并扩建了主要殿堂，形成了现今的规模。

文殊院坐北朝南，建筑面积11600平方米，寺中的所有建筑为木石结构。山门往里走依次是天王殿、三大士殿、大雄宝殿、说法堂、藏经楼。东西两厢是钟鼓相对，斋堂与客堂对称排列。各殿堂之间有长廊密柱相连。全院共有房舍190余间，建筑面积2万余平方米。文殊院的花窗为镂空雕刻，图案精美，做工精细。五重大殿连同前后照壁，分布在长200米的中轴线上，各殿堂楼阁古朴宽敞，飞檐翘角，是典型的清代建筑。殿堂之间，主次分明，错落有致，疏密得体，大小相当，院中有园，园中有院，院中有景，环境极是清静幽雅。大殿之间以石板道相通，晴天不扬土，雨天没泥，来到这里，犹如来到一派纤尘不染的佛国净地。

> **知识链接**
>
> 文殊院中还收藏有许多珍贵的文物。寺内供奉的佛像有300余尊，这些佛像有的为铜铁铸造，有的为脱纱、木雕，还有的为石刻、泥塑，十分丰富。这些塑像具有很高的文物价值和艺术价值，为我们研究古代雕塑、铸造等工艺提供了宝贵的资料。寺内还珍藏明清以来书画珍品，最著名的是康熙皇帝1702年御赐文殊院的"空林"墨迹，以及康熙临宋代书法家米芾的《海月》条幅。此外，还有印度贝叶经、唐代玄奘法师头骨、唐代日本鎏金经简、千佛袈裟、发绣观音、挑纱文殊和舌血含宝等佛教文物。

▲文殊院

凌云寺

▲乐山大佛

凌云寺始建于唐代武德年间，宋末毁于兵祸。元代至正年间，千峰和尚来此传法，复兴寺院。明末，寺院又被兵火所毁，现存建筑是清康熙六年重新修建的，此后又经多次修葺，使寺院保存了现在的面貌。凌云寺建筑雄伟，风景秀丽，有"天下山水胜之在蜀，蜀之山水在嘉，嘉之山水在凌云"的美誉。

凌云寺寺门高踞，飞檐凌空，红墙碧瓦，巍峨壮观。寺门正中高悬巨大金匾，上集苏东坡书"凌云禅院"四字。两旁联文是"大江东去，佛法西来"。此联言简意赅，既使人有佛法庄严之感，又表明了凌云寺所踞地理位置，还巧妙地将"大佛"两字嵌于其中，显示了这座千年古刹的不凡气势。天王殿前是参天古木楠树，殿外两侧分列着四座明清两代重修寺宇的碑记。殿内正中塑像为弥勒坐像，满腹欢颜，俗称"大肚罗汉"。两旁分列四大天王塑像，攒眉怒目，威武雄壮。天王殿后为韦驮殿，供奉木雕装金的护法神韦驮。穿过天王殿，为明代建筑大雄宝殿，是僧众举行宗教活动的主要场所。殿内正中端坐的是释迦牟尼三身像，造型优美，神态庄重。两旁分列十八罗汉，神形各异，栩栩如生。大雄宝殿背面是新塑的净瓶观音，两边分列文殊、普贤、地藏和大势至四菩萨像，是明代以前的作品。藏经楼为寺内的最后一重殿，原为寺内收藏佛教经卷的地方,于1930年新建。从它的结构和外形可以看到近代建筑风格,在寺宇中别具一格却另有一番情趣。楼下新辟"海师堂",塑有大佛建造者海通法师、章仇兼琼、韦皋的全身像,以此寄托后人对他们的敬仰之情。

▲凌云寺

凌云寺之所以闻名遐迩,还有一个更重要的原因,就是寺旁有"凌云大佛",又称"乐山大佛"或"嘉州大佛"。

知识链接

乐山大佛开凿于开元年间。因为凌云寺位于大渡河与岷江的交汇处,高僧海通见水道迂回多险滩,江水暴涨,危及乐山,于是建议将矗立于大渡河与岷江两河流交会处的悬崖峭壁雕刻成一尊巨大佛像。自唐玄宗开元元年(713年)至德宗贞元十九年(803年),历时90年才完成。这是一尊巨大的弥勒坐像:佛像通高71米,头高14.7米,直径10米,有发髻1021个。耳长6.72米,耳窝中可并立两人。鼻长5.53米,眉长3.7米,眼长3.3米。肩宽24米,手中指长8.3米。脚背宽9米,长11米。在其头顶上,可以平放一张圆桌,在耳朵和眼睛内,可以站立两人,在脚背上可围坐百余人。大佛头与山齐,脚踏大江,古人称道:"山是一尊佛,佛是一座山。"大佛体态端庄,雍容镇定,不仅是我国石造像之最,而且是目前世界上最大的石佛。

乐山大佛设计极其巧妙。佛像雕成时,曾建七层阁楼一座,以保护大佛免遭日晒雨淋之苦。明末,阁楼被大火所毁,佛像就处于露天之中。数百年来,佛像虽然承受着风霜雨雪的袭击,但依然安然无恙,这与它科学的排水系统是分不开的。

凌云寺是古今中外著名的游览胜地。苏轼亦有"生不愿封万户侯,亦不愿识韩荆州,但愿身为汉嘉守,载酒时作凌云游"的诗句。数百年来,凌云寺以其悠久的历史,壮丽的景观,吸引着一批又一批的中外游人。

峨眉山报国寺

报国寺位于峨眉山麓的凤凰坪下，寺院坐北朝南，占地百亩，原为山中第一大寺，建于明万历年间，清初迁建于此。康熙四十二年（1703年），康熙皇帝取佛经"四恩四报"中"报国主恩"之意，御题"报国寺"匾额。报国寺历史上经过数次修葺，寺院得以完整保存。特别是新中国建立后维修、扩建的次数最多。

报国寺的建筑排列有序，布局井然。第一殿为弥勒殿，供奉弥勒塑像。"开口便笑，笑古笑今，凡事付之一笑；大肚能容，容天容地，于人无所不容。"这体现了他的性格，更突出了他宽容大度的高尚品德。

弥勒后殿供的是韦驮站像，背朝山门，面对大雄宝殿。韦驮是佛教的护法神，身穿胄甲，右手托山，左手按金刚降魔杵，修眉凤眼，双唇紧闭，威武刚强，正气凛然。

第二殿为大雄宝殿，"大雄"是佛经中说的"唯大唯雄"的意思。殿内正中供奉释迦牟尼佛像，左一龛供文殊师利菩萨，右一龛供地藏王菩萨，左右两厢为十八罗汉金身。释迦牟尼佛像背面一龛供奉阿弥陀佛像。大雄宝殿左为祖堂，右为方丈室。

▲报国寺大门

登上石阶便是第三殿七佛殿。殿中供奉的是七佛，中间一尊为释迦牟尼佛，其余六尊为过去佛，从右至左依次为：南无拘留孙佛、南无拘那含牟尼佛、南无迦叶佛、南无毗舍佛、南无尸弃佛、南无毗婆尸佛。七佛殿后，以观音菩萨塑像为主，结合历史故事、民俗文化，塑造了一组群像。观音又叫观世音，与大势至菩萨一起，是阿弥陀佛的胁侍菩萨。佛经说，观世音菩萨能显现多种化身，善度众生。你看他右手举杨枝，左手持净瓶，婷婷玉立龙头之上，左右金童玉女，飘然立于荷叶之上。金童旁是戒装裹身的赵子龙，再旁为东天王、南天王，手执琵琶、宝剑。玉女旁是美髯飘拂的关云长，再旁为西天王、北天王，执伞、握蛇。另外还有"罗汉伏虎"、"蒲公采药"，最高处是"唐僧师徒取经像"。群像右侧还有一龛，供奉汉白玉雕刻的药师佛坐莲像。

七佛殿下矗立一座十四层高（约七米）的紫铜华严塔，为明朝万历年间铸造，塔身铸有小佛4 700尊和《华严经》全文，佛像历历在目，字迹清晰可见，是中国现存最大的铜塔。寺内还有高2.4米的永乐瓷佛，是明永乐年间江西景德镇烧制的瓷佛像，佛身上有许多小龙，每个小龙中都放有一个小金佛，各具神态。此外还有重达1250千克的明嘉靖大钟。

最后一殿为普贤殿，供普贤菩萨。普贤因广修"十大行愿"，又称"大行愿王"。"愿"是理想，"行"是实践。峨眉山是普贤菩萨道场，所以将他供于最后一殿。普贤殿楼上为藏经楼，藏经楼里存有元代书法家赵孟頫书写的《王右军兰亭序》大条幅及郑板桥、康有为、张大千、徐悲鸿等名家墨迹。

沿普贤殿石阶而下，至七佛殿右侧，是峨眉山佛教协会，再下至大雄宝殿右侧，为新建的"祇园"，是接待国内外佛教团体和讲经的地方。通过隔墙圆门，便是"花影亭"，里面有池有亭，有珍贵的花木。步入其中，劳倦顿清，心静神安。再步出弥勒殿前，左有1993年新建的钟楼、法物流通处，右有鼓楼和茶园。整个寺庙系典型的庭院建筑，一院一景，层层深入，蔚为壮观。佛教协会的许多大型法会都在这里举行。

峨眉山金顶

金顶是峨眉山寺庙和景点最集中的地方，为峨眉精华所在。金顶最早的建筑传为东汉时的普光殿，唐、宋时改为光相寺，明洪武时宝昙和尚重修，为铁瓦殿。锡瓦、铜瓦两殿为明时别传和尚创建。金顶金殿为明万历年间妙峰禅师创建的铜殿，万历皇帝朱栩钧题名"永明华藏寺"。金顶的得名来源于"金殿"。

金顶过去有大小寺庙及寮舍等共计548间，可容千人同时进食，是全山最宏大的一处建筑群。中华人民共和国成立后，国家曾拨款维修。

新建的金顶华藏寺建筑面积为1690多平方米，整个建筑由高、中、低三重连接组建，分金殿(普贤殿)、大雄宝殿、弥勒殿、祖堂、方丈室、禅堂和寮房等。布局合理，错落有致，红墙黄瓦，白玉栏杆，大理石地面，基本上保持了原有的格局。

金顶华藏寺依山势而建，中轴线上由低到高分布着三重殿堂。第一殿是弥勒殿。寺内供奉铜铸弥勒佛像，通高2.9米，背后是韦驮铜像，通高2.6米。殿内还有三足铜鼎和明万历年间铜碑等文物。弥勒殿两侧是客堂，并有通廊依山连接大雄宝殿，构成一四合天井。天井正中放置着一口铜鼎，高达5米，四周各放一尊铁鼎，1.6米至1.7米高。第二殿是大雄宝殿，殿门正中是黑底金字的"大雄宝殿"匾额，两侧有"愿王圣地"、"灵山一会"、"银色世界"、"梵宇重光"等匾，都是1990年开光时隆莲、宽霖、真禅等赠。殿中供奉着铜质金身的三身佛，坐高3米。殿内还有铜磬、铜钟等法器以及铜铸像、铜普贤像等佛教文物。最高层是普贤殿，即金殿、金顶，是峨眉山最高的殿堂。殿门的匾额有"金顶"、"行愿无尽"、"普贤愿海"、"华藏庄严"等，为赵朴初、本换、明肠等题写。殿门两侧有香港宝莲寺圣一法师题写的对联：

华藏长子，七处九会，辅助毗卢阐大教；
金顶真人，四方八面，来朝遍吉出迷津。

▲峨眉山金顶

　　殿内供奉普贤骑象铜像，普贤端坐在莲花台上，手执如意，莲台置象背上，白象脚踏四朵莲花。整个造像通体铜铸，通高4.5米。殿内还有铜鼎等。

　　登金顶是所有游人香客游览峨眉、朝拜普贤的最大愿望。在这里，人们不仅可以烧香敬佛，流连于神的世界，还可以领略到大自然的神奇景观：日出、云海、佛光和神灯。

　　金顶重建以来，僧人们常年居住在这里，精心守护着佛寺，并逐年进行维修，创造条件，热情接待国内外各界人士，为建设峨眉山佛教寺院、发展峨眉山旅游事业作出了贡献。

重庆罗汉寺

▲罗汉寺罗汉泥塑

　　古代大凡古刹名寺，大都隐藏于深山远林，比如报国寺藏于峨眉山、菩萨顶藏于五台山、少林寺藏于嵩山、悬空寺藏于恒山……山以寺灵、寺以山名，古刹和名山相互提挈成就了一方好风水。但重庆罗汉寺，显然是个异类。

　　这座千年古刹坐落在重庆最繁华的市中心。周围全部是数十层的高楼，洲际酒店、东方曼哈顿，仅名字就充满了现代气息。门前，是熙来攘往的人流。现代与传统，新潮与古朴，躁动与宁静，仅仅一墙

三 汉地寺院品读

之隔。罗汉寺那朱红色的大木门，分隔开两个完全不同的世界：一边是滚滚红尘，一边是渺渺梵音。冷眼旁观红男绿女的俗世尘缘和繁华都市的霓虹闪烁，在千年的晨曦与日落中成了一方净土，成为喧嚣都市中一块供人心灵小憩的乐园。

> **知识链接**
>
> 罗汉寺大山门的两侧，有一幅对联："法门平等人天共仰，觉路光明凡圣同游"。怎样"共仰"和"同游"呢？看一看罗汉寺的早晨和晚上，你就能发觉一种与我们熟悉的生活和环境截然不同的意象。

罗汉寺内有长20多米的古佛岩，存有宋代摩崖石刻佛像400余尊，其中卧佛涅像（俗称"睡佛"）、观音像和供养人像等，风格颇近大足宝顶山石刻。大雄宝殿中有许多佛教艺术珍品，有十六尊者塑像，即释迦佛的16位学习成绩最好的学生；有明代的"西方三圣"铜铸像；缅甸的"释迦牟尼成道玉佛"；临摹印度壁画"释迦牟尼离宫出家图"等。寺内藏经楼收存的大藏经、梵文和藏文经典，以及古籍字画等，大多为唐、明两代瑰宝。罗汉堂内造像总计524尊，皆泥塑像。其造型细腻精巧、神态逼真，常有善男信女至此，默数罗汉以测吉凶祸福。

罗汉寺在清乾隆十七年（1752年），因前殿坍圮，改建龙神祠。后又称罗汉寺、古佛岩。清光绪十一年（1885年），隆法和尚重修庙宇，并仿新都宝光寺建罗汉堂，泥塑五百阿罗汉，方改名罗汉寺。1942年罗汉寺遭日机炸毁，后修复。始建时园池古迹今已湮没无闻，仅余"明碑亭"所嵌"西湖古迹"碑石，还依稀可辨字痕。1986年5月1日，罗汉寺迎来了千年历史中的又一次盛典。经过两年的重塑，罗汉堂再次开放。在当天为五百罗汉开光举行的法会上，来自四川诸山的长老、佛教信徒300余人，在当时四川省佛教协会会长、成都文殊院方丈宽霖法师的主持下，共同祈愿佛法永存、世界和平，成为佛教界的盛典。

皖赣湘鄂寺院

安徽九华山百岁宫

百岁宫又名万年寺，坐落在安徽省九华山海拔871米高的插霄峰上。百岁宫因为存有九华山三个肉身菩萨之一而闻名全国。

百岁宫建筑面积2987平方米，是典型的皖南民居式寺院，从外表上看，百岁宫犹如民宅，其实是一座拥有99间半殿宇和僧房。百岁宫建筑风格十分独特，所有大殿彼此之间并不独立，而是由五层楼融山门、大雄宝殿、肉身殿、库房、斋堂、僧舍、客房和东司为整体，远观仿佛为古城堡。这种形制在我国现存寺院建筑中极为少见。它充分利用由南向北下跌的坡势，楼层由低爬高，层层上升，形成曲折幽深、恢宏多变的迷宫。从正门下面看大殿，它只是一层楼，而大殿东侧的厢房是两层楼，通高只有10米，但从它的后门

▲百岁宫

看，东侧墙高达55米，为五层楼。而层顶只是一个完整的皖南民居式有天井的四落水顶。

大雄宝殿是百岁宫的主体建筑，大殿宽16米，深、高均为15米。大殿的地面、南墙墙基和后墙，是两块削过的天然岩石。在大殿正面的佛龛中，供奉着释迦牟尼佛、文殊和普贤菩萨像，中间端坐在莲台的是释迦佛，左为骑青狮的文殊菩萨，右为骑白象的普贤菩萨，四周围绕二十四诸天像。东面的佛龛中，供奉着禅宗始祖达摩像。西面佛龛中供奉的就是闻名中外的无瑕和尚肉身。无瑕和尚头戴莲花宝冠，身披朱红袈裟，头部大小与常人相似，身躯已缩如孩童，端坐莲台之上。据说，九华山原有七尊装金肉身，十年浩劫中有六尊被毁，无瑕肉身是由一位和尚藏于山洞中才幸免保存下来。这种金身置于空气中已有三百五十多年，至今不腐，实为罕见。肉身殿后则为佛堂和僧舍。它的4个楼层内有巨岩横陈，有磐石镶嵌，岩石与建筑、建筑与山峰有机结合，巧夺天工，令人叹为观止。

> **知识链接**
>
> 百岁宫，初名摘星庵，又名"万年禅寺"，始建于明万历年间（1537—1620年），因一个神奇的和尚而名闻天下。据寺前碑记载，明朝万历年间，河北宛平僧海玉和尚，号"无瑕禅师"，由五台山云游至九华山，见此地九峰如莲，便在摩空岭摘星亭结茅布道，名"摘星庵"。无瑕法师在此长年以野果为食，不食烟火熟食，并用舌血和金粉，费时二十余年，抄写《大方广佛华严经》，总共81卷，至今仍然保存完好，为国家一级文物。无瑕法师于天启三年（公元623年）圆寂，享年110岁，世称"百岁公"。法师在去世之前嘱托自己的弟子将他的遗体放入跏趺缸中。过三年后，恰逢钦差来山进香，夜见霞光从佛寺中升起，急忙与无瑕法师的弟子将缸打开来看。只见无瑕法师结跏趺坐，肉身不腐，颜面与生时无异，弟子于是将法师的肉身涂金保护，在庵内供奉，并奏闻朝廷。明思宗崇祯三年（1630年），崇祯皇帝敕封无瑕法师为"应身菩萨"，并题额"为善最乐"，赐无瑕肉身塔名"莲花宝藏"。同年，无瑕弟子慧广和尚于此建佛殿。正因为万年寺是为纪念百岁公无瑕和尚而兴建的，因此又名"百岁宫"。百岁宫从此名声大振，成为九华山四大丛林寺院之一。

九华山开山祖寺——化城寺

化城寺，位于安徽九华山化城峰的一座佛寺，是我国四大佛教圣地之一的地藏王菩萨道场，是九华山的开山祖寺。化城寺南对芙蓉峰，北倚白云山，东邻东崖，西接神光岭，四面环绕如城，古人有"内外峰围涌玉莲"之称。

早在东晋隆安五年（401年），这里就有印度僧人杯渡结茅传法。唐至德初年（756年），当地乡绅请新罗僧人金乔觉入居，这里始建寺院。"化城"出自于《法华经》中的佛教故事。传说释迦牟尼与小徒下乡布道，路上被山阻隔，小徒饥渴交加，坐地不起。释迦牟尼手指前方说："前有一城，速去化斋。"小徒顿时振奋起来。所谓城，实际上是佛祖点化而成的。因为化城寺地处高山平地，四面环山如城，所以名为化城寺。唐贞元十年（794年）金乔觉99岁圆寂后，僧众视为地藏菩萨化身，化城寺于是被辟为地藏王道场。

化城寺坐北朝南，建筑面积3500平方米，全寺建筑对称严整，布局有序。殿宇依山而建，由低向高递进，有"丹素交彩，层层倚空"的景象，十分壮观。全寺现存主要建筑有大雄宝殿、藏经楼等，这些建筑除四壁砖墙和瓦顶外，内部为木结构。柱、梁、檩、椽全部采用闩缝对榫、互相楔咬的传统方法，不用一颗钉子。门楣、斗拱和横梁上都镂刻着凤凰戏牡丹、狮子滚绣球，以及花草图案，施以重彩。整个建筑，庄严古朴，具有皖南民居式古寺建筑特征。

大雄宝殿高10米，宽20.5米，是寺院的主体建筑。大殿正中的藻井，层层迭进，九条木雕的金龙围着中心的硕大宝珠盘旋飞舞，祥云和瑞蝠穿插其间，这是我国浮雕艺术的珍品，令人叹为观止。殿内立柱上的对联为"愿将佛手双垂下，摸得人心一样平"，通俗易懂，意为祈求佛的法力使人心公平。

藏经楼长20米、宽14米、高1.3米，为明代建筑，是九华山珍贵文物荟萃之处。主要佛教文物陈列于藏经楼下厅堂。楼上藏有明万历刻板《藏经》，明代百岁宫无瑕和尚用自己身上刺出的血配以金粉、花了28年写成的《华严血经》，印度贝叶经2札以及明神宗颁经圣谕，清康熙、乾隆帝的御书手迹等。

在大雄宝殿和藏经楼之间的小院墙壁上，还有三座明碑，十一座清碑。此外，化城寺内的一条镂花岩石质地的金龙，是明代万历年间的作品，刀法明快，造型精美。另一块经人工琢磨成的八音石，也是明代制品，敲击时能发出8种悦耳的音响，是和尚念经时敲击的法器。这些都是化城寺极为珍贵的文物。

每当红日西沉，白云归岫，蒲牢一击，鲸铿徐应。这就是著名的九华山十景之一的"化城晚钟"。化城寺原来的大钟，重约万余斤，但已毁于战火。现存的洪钟，重约两千余斤，高一丈有余。此钟铸造精美，体积超群，音质悠扬洪亮，用手轻叩即可听到清脆悦耳的微微响声，用槌撞之，只听瓮声洪亮高扬，由近及远慢慢在山谷中回荡，特别是夜深人静之时，钟声更为清悠，令人仿佛置身于天上佛国，超凡脱俗。因此，凡朝山进香之人，无不聆听化城晚钟，领略一下"化度群生悲愿宏，城开两序别西东。晚来香火因缘盛，钟送梵音澈太空"的古钟圣音，以除人间烦恼。

天下清规发源地——百丈寺

百丈寺，位于江西省奉新县百丈山大雄峰下，距县城65千米，是中国佛教颇具影响的"禅林清规"的发祥地，居中国佛教十大古寺之首，迄今已有1200年的历史。

关于百丈寺，还有这样一个传说。相传在唐宣宗登基前，宫中宦官专权，宣宗李忱遭到他的侄儿武宗的猜忌，环境险恶，于是决定出外避避灾祸。有一天，他遇见一名高僧，谈及此事，高僧留下"退至百丈"四个字便走了。高僧的意思是只要离开京城百丈之遥就可保无事，宣宗却理解错了。他翻阅地图，发现奉新有座百丈山，便历尽辛劳，不辞万水千山，来到奉新百丈寺，求法于怀海大师及黄檗希运禅师。参禅之余，悠游山水之间，曾赋一诗吟此地风光："大雄真迹枕危峦，梵宇层楼耸万般。日月每从肩上过，山河长在掌中看。仙花不间三春秀，灵境无时六月寒。更有上方人罕到，暮鼓朝馨碧云端。"一位未来的"天子"，在此闲云野鹤，暮鼓晨钟，观山览云，参禅悟道，却想着"山河长在掌中看"，凸显出强烈的龙庭之志。现在百丈寺后有一石刻"真源"，据说就是他当年溯流而上到后山凿石引泉，寻找水源，在泉水源头上所书的刻石。大中三年（847年）唐宣宗登基，自然念念不忘落难求法之地，于是下令修百丈寺，并赐题"大智寿圣禅寺"的匾额，故百丈寺又有"大寺"之称。因为有这样一段因缘，百丈寺声名大震，规模渐渐扩大，至明洪武年间（1368-1398年），山内香火极盛，达到"三寺五庙四十八庵"，可谓梵宇林立，僧众如云。

寺内大雄宝殿是同治六年（1868年）修建留下的，是寺院中的正殿。大雄宝殿古朴、端庄。玉佛殿供奉释迦牟尼佛像。祖师殿供奉的是百丈寺开山祖师怀海大和尚。这尊怀海大师的坐像金碧辉煌，白眉修长，端庄慈祥，栩栩如生。著名禅师西堂智藏有一段赞怀海的话："灵光独耀，迥脱尘根，体露真常，不拘文字。心性无染，本自圆成，但离妄缘，即如如佛。"在中国禅宗史上，怀海大师的确是禅学天空一颗"灵光独耀、迥脱尘根"耀眼的彗星。

现今的百丈寺依然焕发着光彩。大雄宝殿威武壮观，玉佛殿清静雅致，殿内菩萨端庄，佛幡飘扬，香火缭绕。寺内僧房整洁，花木井然。潺潺清泉从寺内流过，滋润这方庄严肃穆的佛门胜地。

江西庐山东林寺

东林寺位于九江市庐山西麓，因处于西林寺以东，因此得名。东林寺建于东晋大元九年（384年），为庐山上历史悠久的寺院之一。东林寺是佛教净土宗（又称莲宗）的发源地，对一些国家的佛教徒影响较大。它是江西省三大国际交流道场之一，另两处是久负盛名的云居山道场和三合寺。唐代，东林寺极盛一时，经鉴真和尚东渡日本传经讲学，慧远和东林的教义也随之传入日本。据说，日本的"东林教"即渊源于此。在历史上，东林寺对于中尼、中印、中日的文化交流与友好往来，曾作出了贡献。群山环抱，寺南翠屏千仞，寺前一泓清流。虎溪迂回向西而去，溪上跨着一座石砌的拱桥。这就是中国文化史上传为佳话的"虎溪三笑"故事发生的地方——"虎溪桥"。据传，慧远和尚来东林寺后，"影不出山，迹不出俗"，一心修行，连送客也未曾过虎溪桥，若是过了桥，山上的神虎就要吼叫。一天，慧远送陶渊明与陆修静，三人携手边走边谈，越谈越开心，不觉过了石桥。谁知没

▲东林寺大雄宝殿

走几步，山上的神虎便吼叫不止，他们这才恍然大悟，三人相视仰天大笑，惜别分手。

大雄宝殿是东林寺的主要佛殿，高19米，进深24米，总建筑面积386平方米，是一座宏伟的仿宋建筑，建成于1989年，全殿共有金身佛像七十余尊。

一般寺院的主殿称为大雄宝殿，"大雄"是对佛祖释迦牟尼的尊称。佛有大力能伏"四魔"。但东林寺的主殿称"神运宝殿"。这是什么缘故？相传慧远初到庐山西麓时，选择结庐之处，认为东林寺址在丛林之中，无法结庐，打算移到香谷山去结庐。夜梦神告："此处幽静，足以栖佛。"是夜雷雨大作，狂风拔树。翌日，该地化为平地，池中多盛良木，作为建寺之材。"神运"之名，由此而来。

寺前有"聪明之泉"。聪明泉原来叫做古龙泉。相传慧远和尚刚来到庐山的时候，准备选一个地方建寺，但不知何处为好。于是慧远在此以杖叩地，说道："若可居，当使朽壤抽泉。"说完，清泉果然涌出。后来遇到大旱之年，慧远在泉边诵念《龙华经》，以祈甘霖降世，见神蛇腾泉而出，大雨即倾盆而下，此即古龙泉泉名的由来。江州刺史殷仲堪来寺，与慧远和尚在泉边谈论《易经》。殷仲堪博学善辩，口若悬河。慧远非常钦佩他的口才，于是说："君之辩如此泉涌。"从此古龙泉改称聪明泉。今天游人对聪明泉倍感兴趣，往往投币许愿，成为一处人文景观。

在东林寺，俗客可以跟僧众共进素斋，尝尝做和尚的滋味。游客步入斋堂，男先女后，男居右，女居左，齐齐而坐，不能紊乱，不能出声。食前由众僧膜拜诵经，主持立于佛祖像前，其余僧众右排列，又是叩首，又是鼓乐，充满了美妙庄严独特的气氛。斋饭均为素品，但制作精细，别有滋味。食时不可有声，不可剩余，添饭时以筷子示意，在碗内划圈，自有专司添饭的和尚为你添饭。膳毕，碗筷摆放整齐，由侍立的僧人取去，僧众又在主持的带领下再膜拜诵经一番，之后向"俗客"道一番祝词，然后退出斋堂。

唐代鉴真东渡扶桑的故事，恐怕尽人皆知，但了解鉴真到过东林寺的事未必都知道。天宝九年，鉴真经大余至江西虔州、吉州，北行至江州（今九江市），途经东林寺，在东林寺停留，与东林寺僧人智恩志同道合。最后一次东渡时智恩共行，将东林寺教义传入日本。因此，东林寺在中国思想文化交流史上，产生过积极的作用。

湖南衡山福严寺

福严寺位于湖南衡山的掷钵峰下，是禅宗的南宗著名的传法胜地，在中国佛教史上颇有名气。福严寺历代名僧辈出，作为"六朝古刹"、"七祖道场"，以寺古、佛古、树古著称于世。

福严寺于南朝陈光大元年（567年）由天台宗三祖慧思法师建造，原名般若寺。唐先天三年（713年），怀让禅师来到南岳，并在此传播"顿悟"法门，现今山门上"天下法庭"的横额，及"六朝古刹"、"七祖道场"的竖联，就是指的这段历史。宋朝时，有位名叫福严的僧人增修寺院，并栽柏树10株，福严寺因此得名。

寺院修于茂林深处，依山而建，古色典雅，占地约四亩。整个建筑是砖木结构。现存的主要建筑有岳神殿、大雄宝殿、藏经阁等。

南岳是道家的天下，山上山下星罗棋布着道教宫观，福严寺里的岳神殿就是佛教寺院中的一处道教建筑。殿中供奉的是一尊南北朝时期铸造的南岳神青铜像。关于岳神殿的来历，还有这样一段传说。据《南岳志》记述，慧思得知岳神喜欢下棋，且有"赢家所求，输家必应"的习惯，就与岳神对弈，并连胜三局。岳神问他有何所求，慧思说："求尊神赐一檀越之地，给小僧定禅。"岳神允许了。慧思就以锡杖择地，杖落之处方圆百丈归慧思使用。他把锡杖向空中一抛，锡杖就冉冉地飘到天柱峰南边一块葱茏掩映的林地坠落，这就是般若寺的寺址。岳神一怔："你选的这块地正是我看中的下榻之所。"慧思说："尊神赐地，我定在禅场内设榻恭候，长年供奉，以谢恩赐。"就这样，从般若寺创建起，就修建了岳神殿，一直沿袭至今。传说当年岳神常来此处与慧思对弈。在福严寺中建道教殿宇，一方面使佛教入乡随俗，有了赖以生存的立足之地，另一方面也表现了佛教与道教的融合。

福严寺东有石井清泉，井壁上有"虎跑泉"，它的来历也颇有趣味性。泉旁上的石碑，记载了这泉的来历。慧思建般若寺后，见寺周围没有水源，就将寺僧领到山下，举起锡杖用力向沙地刺去，一会儿，一股泉水涌流而出，徒弟们把泉口扩大成井，这就是"卓锡泉"的来历。有一天慧思和徒弟们来泉边汲水时，见丛林中窜出一只猛虎，从泉边衔起慧思的锡杖走到般若寺后的岩石前，大哮三声，泉水就从岩石里流了出来。慧思在泉边修一石井，命名为"虎跑泉"。如今这两处奇异的泉水依然潺潺不断。

在寺院右边侧门外面，有一株古银杏。据《南岳志》记载，这棵古银杏

▲福严寺

树是慧思和尚亲手栽种的，这棵古树在慧思手里受过戒，有一千四百多年的历史。现在这棵银杏树仍枝叶繁茂，树围有5米，是福严寺一景。

三生塔也是福严寺极为珍贵的文物。相传慧思三生遗骨都藏在其中。据说慧思告诉弟子说，他的前一生、二生都在南岳修持，现在是第三生了。弟子们在禅林前一处岩隙中挖出一具老僧跌坐遗骨，将其命名为"一生岩"；又在石壁下挖出法器和殿堂基石，命名为"二生藏"；慧思圆寂后，为其建墓塔，并命名为"三生塔"。

三 三湘名刹——开福寺

在长沙城北新河与湘江交汇处凤嘴，有一座殿宇宏伟、气势非凡的千年古寺，这便是三湘名刹开福寺。

开福寺为禅宗临济宗杨岐派的著名寺院，始建于五代时期，为马殷之子马希范所建，距今已有1 000多年历史。民间有"先有开福寺，后有长沙城"的说法。马希范后又在开福寺周围大兴土木，垒紫微山，开碧浪湖，使开福寺一带成为著名的风景胜地，有内外16景。明代文人李冕曾题诗《开福寺》赞曰："最爱招提景，天然入画屏。水光含镜碧，山色拥螺青。抱子猿归洞，冲云鹤下汀。从容坐来久，花落满闲庭。"开福寺在明末为兵火所毁，清顺治十七年（1660年）重建。后开福寺又经几次破坏，现存建筑为清光绪年间重建的。

开福寺占地面积4.8万平方米，建筑面积1.6万平方米。整个寺院以明、清宫殿式建筑风格为主体。主要建筑有山门、三大殿（三圣殿、大雄宝殿、毗卢殿）及两厢堂舍等。殿宇用许多根圆柱支撑，屋顶盖着黄绿色的琉璃瓦，正脊塑有狮子滚绣球和佛教的传统故事。四壁和脊吻龙腾凤飞，还有宝瓶、法轮直薄云霄，是典型的宫殿式建筑，显得格外雄伟。

山门为四柱三门三楼花岗石牌坊式建筑，高10米。门坊上分栏为浮雕彩绘，或为人物，或为树木花草，色彩斑斓，栩栩如生。中门上方的横额题"古开福寺"，楹联"紫微栖凤，碧浪潜龙"，是清嘉庆十一年（1806年）韩药所书。山门两旁立有石狮、石象各一对。进入山门，即放生池，为原碧浪湖残部，上架单拱花岗石桥，走过石桥，便见一座汉白玉观世音菩萨圣像，面带微笑，手执杨柳净瓶，九龙拥立，庄重中透着祥和。

弥勒殿，又称三圣殿，面阔三间，外檐方柱，内檐圆柱，均为花岗石整石凿成。殿内供奉西方三圣，也称"阿弥陀三尊"，即西方极乐世界教主阿弥陀佛和左右二位胁侍观世音菩萨、大势至菩萨。大雄宝殿为中殿，高20米。中央供奉着释迦牟尼汉白玉佛像，宝相庄严。阿难、迦叶分立两旁。紧靠着释迦牟尼佛背面，供奉着金色的千手千眼观世音菩萨。大殿两旁还有十六尊者的金像。大雄宝殿中有一副很有意味的楹联："斋鱼敲落碧湖月，觉觉觉觉，先觉后觉，无非觉觉；清钟撞破麓峰云，空空空空，色空相空，总是空空。"联中折射出的佛门教义和为人处世之道耐人寻味。毗卢殿为后殿，内供毗卢遮那佛像。周围供五百罗汉像，高约0.4米，形态各异，栩栩如生。民间流传数罗汉以测吉凶，即以任何一个罗汉为起点，按自己的年龄，数到最后一个罗汉，再按罗汉的编号抽取封

▲开福寺

签一张，以测吉凶。但现在的签辞已作修饰，大多数以劝谕守正行善为主。三殿之间有庭院，植古树名花。三大殿东侧为客堂、斋堂、摩尼所、紫微堂。紫微堂上为藏经楼，是唐宋时的古建筑，西侧为禅堂、说法堂、念佛堂等。

在寺院的西厢房外，有光绪十二年（1886年）建立的碧湖社遗址。这是当年当地文人学士汇聚的场所，对长沙地区文学艺术的发展起到了极大的推动作用。

湖北当阳玉泉寺

东汉建安年间（196—219年），当时的名僧普净禅师在此结草为庵，坐道参禅。之后，刘备为了感谢普净营救关羽，便为他建寺一座，定名普净庵。南朝梁宣帝重建定名"覆船山寺"。隋开皇年间再建时因见山下珍珠泉清澈似珠玉，遂将其改名玉泉。晋王杨广赐额"玉泉寺"。唐时期，著名僧人神秀在此弘扬禅法，玉泉寺从此盛名天下。宋、元、明、清又多次重修，使玉泉寺得以保存至今。

玉泉寺现存的主要建筑有山门、天王殿、大雄宝殿和毗卢殿。

▲玉泉寺铁塔

大雄宝殿始建于南宋，是寺院的主体建筑，大殿重檐歇山顶，建筑面积1 253平方米，通高21米，进深七间，梁架为抬梁穿斗式，立柱72根，斗拱154组，是我国南方最大的古建筑。大殿均采用名贵的金丝楠木作梁架斗拱，且用材硕大，木质上好。天花藻井雕梁画栋，色彩艳丽。殿内正前方中央所供奉的是释迦牟尼佛祖，两侧为西方极乐世界的阿弥陀佛及东方琉璃世界消灾延寿的药师佛。大殿后供奉的是中国四大菩萨中的三尊：观世音菩萨、文殊及普贤菩萨，大殿两侧为十八罗汉。此外，在大殿前有重达1 500多千克的隋代铁镬、元代铁釜和铁钟，这些都是大雄宝殿极为珍贵

▲玉泉寺

的文物。在大殿的侧面有石刻观音画像,相传其作者为唐代名家吴道子。画像为男首女身,体态婀娜,不失丰润,衣阙飘飘,或舒或卷,流畅自然,笔法刚劲有力。

  关于大雄宝殿的历史,还有这样一段传说。相传兴建大雄宝殿时,需要100根金丝楠木,可是工匠门找遍神农架,一根也没有,后来只得不远千里,翻山越岭到四川的原始森林中去找。他们翻了一百架山,过了一百道河,走了一百天,才在峨嵋山找到100根金丝楠木。

  这时候,玉泉寺大雄宝殿的台基已夯平,雕饰着莲花瓣的柱础已经安放到位,只等那100根又粗又直又长的木料做立柱梁架了。木料迟迟不到,急坏了庙里的老方丈。他去请来领工的木匠师傅想办法。老师傅说,不要紧,月亮圆的那天,我自有办法。

  八月十五那天,玉泉寺非常热闹,人山人海,都来看金丝楠木如何运来。只见领工的老师傅端着墨斗盒,来到东禅堂的后院,拿起竹笔,在地下画了一个圆圈。突然间，风沙大作，刮得人们睁不开眼。这时候，峨嵋山的木料，趁着中秋节长江涨水，一根接一根，漂到西陵峡中的黄鳝洞，钻进去，再也没有出来。话说那玉泉寺，风沙刮了两个时辰，也就停下来。人们睁开眼一看，老师傅画圈的地方，变成了一口直通通的大水井，那些木头，在黄鳝洞内经过一段潜游，一根接一根地从井中冒出来，当冒到第99根的时候，老师傅喊了一声"有了"，就再没有冒了。徒弟们一数，糟了，还差1根。人们蜂拥到井口一看，那第100根楠木刚冒出水面，用手摇得动，就是拔不出来，老师傅笑笑："我是故意留下一根做古迹。"

> **知识链接**
>
> 玉泉寺位于湖北省当阳市西的玉泉山东麓，是我国最早的佛教寺院之一，享有"荆楚丛林之冠"的美誉。寺内保存的隋代铁镬、唐代吴道子石刻观音像、宋代铁塔、元代的铁钟等，都是极为珍贵的文物。玉泉寺与浙江的国清寺、江苏的灵谷寺、栖霞寺并称为天下丛林"四绝"。

玉泉寺东的土山上有一铁塔，俗称千佛塔。铁塔本名"佛牙舍利塔"，铸于北宋，全部用生铁铸成，为八角十三层的楼阁式建筑。铁塔高17.9米，重26 472千克，是我国现存体量最大的古代铁塔。铁塔由地宫、塔基、塔身、塔刹四部分组成。地宫为石质六角形竖井，内置汉白玉须弥座，座上置三重石函，函中供奉舍利；塔基、塔身均为生铁铸造，塔基须弥座八面铸有铁围山、大海、八仙过海、二龙戏珠及石榴花饰纹，座八隅各铸顶塔力士一尊，力士肌肉饱满，强壮有力，造型生动；塔身平座上铸有单钩阑，塔身各作四门，两两相对，隔层交错；塔身及平座铸有斗拱；腰檐出檐深远，翼角挑出龙头以悬风铎；塔身上著有铭文1 397字，记载了塔名、塔重、铸建年代、工匠和功德主姓名及有关史迹，还铸有佛像2 279尊，俨然一幅铁铸佛国世界图；塔刹为铜质，形似宝葫芦。铁塔通体不施榫扣，不加焊粘，逐件叠压，自重以固；其外形俊秀挺拔，稳健玲珑，如玉笋嵌空。据铭文所记，玉泉铁塔造于1061年，到现在，它已在风吹日晒中屹立近千年了，可谓是稀世珍宝。玉泉铁塔是我国现存最高、最重、最完整的一座铁塔。

此外寺内的珍珠泉、古柏、银杏、月桂等，向来都是引人注目之处，来到寺中，只觉寺前山泉叮咚，清韵宜人。

三 | 汉地寺院品读

浙苏沪寺院

宁波保国寺

保国寺,坐落在浙江省宁波市江北区洪塘街道鞍山村境内,是我国现存最古老的木结构建筑之一,也是江南幸存的最古老、最完整的木结构建筑。

保国寺地处山区密林中,寺院依山势建造,占地面积1.3万余平方米,建筑面积0.6万余平方米。现存的主要建筑有山门、天王殿、大雄宝殿、观音殿和藏经楼等。

▲保国寺

大雄宝殿被称为保国寺的精华。大殿气势雄伟,面宽三间,进深三间,平面呈纵长方形。大雄宝殿以两"奇"著称于世。大雄宝殿又名无梁殿,其实并不是真正的无梁,因大殿内原先供奉过无量寿佛,是取谐音无梁殿。另外大殿的梁被藻井、天花挡住了。看似无梁,其实有梁,这是一奇。大雄宝殿二奇就是大殿的每个角落不见鸟雀筑巢、蛛丝悬梁,更见不到虫蛀蚁蚀。原来大殿的建筑材料中,有一种带刺激性香味的黄桧,散发出禽虫畏闻的气味。也有一种说法是因为特殊的建筑结构而产生的声波振动的风流驱逐了鸟雀虫类。

> **知识链接**
>
> 保国寺初名灵山寺,始建于东汉时期,相传东汉骠骑将军张意和他的儿子中郎将张齐芳曾隐居于此,后来改建为寺院,所以保国寺也被称为"骠骑将军寺"。唐代会昌年间(841—846年)灭法,寺院被毁。唐朝广明元年(880年),僖宗又大举兴佛,寺庙又重建,并赐"保国"匾额,故更名为保国寺。之后保国寺再次被毁,并于宋朝大中祥符年间重建。现在的大殿仍为宋代建筑。

保国寺大殿在建筑上有很高的历史、艺术和科学价值，这样的建筑在全国的古建筑中是一个孤例，极为可贵。

杭州历史最悠久的寺院——灵隐寺

灵隐寺位于浙江省杭州市西湖西北面，在飞来峰与北高峰之间灵隐山麓中，是杭州历史最悠久的寺院。当地有"不游灵隐，等于没到过杭州"的说法。

从历史上看，灵隐寺的发展达到顶峰是在五代吴越时期。那时，全寺的建筑有九楼、十八阁、七十二殿堂，寺僧逾三千，成为江南地区的佛教名寺。到了清嘉庆二十一年（1816年），一把大火烧掉了灵隐寺的所有建筑，清道光三年（1823年）又重建。今天的灵隐寺就是在清末重建基础上陆续修复再建的。全寺中轴线上的建筑依次为天王殿、大雄宝殿、药师殿。

▲灵隐寺大雄宝殿

灵隐寺正门为天王殿，上悬清康熙帝御笔"云林禅寺"的匾额，故灵隐寺又名"云林禅寺"。大殿正中的佛龛里坐着弥勒佛像，袒胸露腹，跌坐蒲团，笑容可掬；佛像两侧为怒目圆睁的四大天王，高各8米，个个身披重甲。其中两个形态威武，两个神色和善，俗称四大金刚。弥勒佛后壁佛龛里，站着神态庄严、手执降魔杵的韦驮菩萨，像高2.5米，头戴金盔，身裹甲胄，神采奕奕。这尊雕像以香樟木雕造，是南宋留存至今的珍贵遗物。

> **知识链接**
>
> 灵隐寺始建于东晋咸和元年（326年），到现在已有1600多年历史。相传1600多年前印度僧人慧理来杭州，看到这里山峰奇秀，以为是"仙灵所隐"的地方，于是就在这里建寺，取名灵隐。后来济公在此出家，由于他游戏人间的故事家喻户晓，所以灵隐寺闻名遐迩。

经过天王殿后的庭院，便进入灵隐寺的主殿大雄宝殿。大雄宝殿，原称觉皇殿，是单层、重檐、三叠的建筑，高达33.6米，雄伟庄严。殿正中，佛祖释迦牟尼像高踞莲花座之上，妙相庄严，颔首俯视，令人敬畏。佛像高19.6米，用近百块香樟木雕成。佛像造型端庄凝重，低眉细目，气韵生动，极具风采。这是我国最高大的木雕坐式佛像之一，是一件不可多得的宗教艺术作品。释祖像后壁为《五十三参》彩绘群塑，共有姿态各异的大小佛教塑像一百五十尊，表现的是佛经中散财童子历经磨难参拜五十三位名师的故事。这座内容丰富、形象生动的壁塑的主像是足踏鳌背、手执净瓶的观世音菩萨，她意态潇洒、祥和地接受着散财童子的参拜。大殿两侧分列"二十诸天"和"十二圆觉"像，神态各异，栩栩如生。此外，在大雄宝殿前月台两侧各有一座八角九层仿木结构石塔。塔高逾7米，塔身每面雕刻精美，经古建筑专家梁思成考定，两石塔雕造于吴越末年。

药师殿位于大雄宝殿之后，殿中供奉药师佛像及日光天子、月光天子。

巍巍殿宇，森森古木，中轴线第五殿的华严殿，是灵隐寺位置最高的建筑，殿内供奉的是华严三圣——毗卢遮那佛、文殊菩萨和普贤菩萨。在灵隐寺出口处近旁现建有规模宏大的罗汉殿，内有五百罗汉像，神态、服饰各不相同。

灵隐寺前有飞来峰，寺后有北高峰。寺前的清溪流水沿岸，山泉之间曲径通幽，小桥飞跨。古往今来，这里都是一处享誉全国的风景区，时至今日，这里依然香客云集，游人如潮，盛况不减当年。

天童寺

　　天童寺，全名"天童禅寺"，号称"东南佛国"，位于浙江省宁波市东30千米的鄞县东乡太白山麓。天童寺是我国佛教禅宗的主要寺院之一，也是日本佛教曹洞宗的祖庭。天童寺依山傍水，风景如画。

　　天童寺坐落在层峦叠嶂的太白山下，东、西、北三方被六峰簇拥，有"群峰抱一寺，一寺镇群峰"的说法，寺院占地面积7.6万平方米，建筑面积3.88平方米，有殿、堂、楼、阁、轩、寮、居三十余个，共计九百九十九间。诗赞称："山外青山翠满峰，丛林禅宗九州同。楼堂仟阁难相数，广厦千座是天童。"天童寺现存规模基本上保持明朝格局。寺宇布局严谨，结构精致，主次分明，疏密得体。现存的主要建筑有天王殿、大雄宝殿、法堂、藏经楼、先觉堂、罗汉殿、配殿和回廊。

▲天童寺

　　天童寺建筑布局的特点是殿前有板壁走廊，庭院两侧有半封闭式回廊，这在我国古代寺院建筑中并不多见。

　　天王殿内供四大天王，四天王高7.77米，为江南所有寺院中最高的建筑。

　　佛殿建于明崇祯八年（1635年），是寺院最古老的建筑。佛殿前有清顺治帝写的"敬佛"碑、康熙帝题写的"名香清梵"匾、雍正帝书写"慈云密布"匾。殿内供奉三世佛，佛像高13.5米，其中佛身高6.38米。迦叶、阿难侍立释迦佛左右，两翼为高约2米的十八罗汉坐像。三世佛后为海岛观音。

法堂是1931年改建的，上层为藏经楼，堂西为罗汉堂，内层供奉高1.5米的十八罗汉石刻像碑，刀工精细，形象生动。传说在水灾时，这十八罗汉拯救了天童寺。

此外，寺内保存的宋朝周葵撰文、张孝祥书写的《宠智禅师妙光塔铭》碑石，明崇祯十四年（1641年）铸造的，直径2.36米、深1.07米、重2吨的千僧铜锅，著有81卷的《华严经》，重6500千克的铜钟，清顺治赐鎏金药师铜像以及顺治、康熙御书碑刻30余方等，这些都是天童寺宝贵的文物。

天童寺四面群山环抱，重嶂叠翠，古松参天，有"深径回松"、"凤岗修竹"、"双池印景"、"西涧分钟"、"平台铺月"、"玲珑天凿"、"太白生云"等胜景。宋王安石在鄞县任县令时，曾留下描绘天童寺的名句："山山桑枯绿浮空，春日莺啼谷口风。二十里松行欲尽，青山捧出梵王宫。"

天童禅寺远播海外，在日本和东南亚有相当影响。宋乾道四年（1168年），日本僧人荣西来到天童寺，向住持虚掩大师学法，并从日本募大批百围巨木，建成千佛阁。嘉定十六年（1223年），"曹洞宗"的开山祖师道元赖到天童寺，在该寺参禅得法，并将我国的佛教带回日本，创立了日本佛教派别"曹洞宗"。此外，日本一代绘画巨匠雪舟和尚，还曾任过天童寺首座。以后曾有日僧来此学禅。后来，天童寺高僧寂圆东渡日本，传授曹洞宗教义达七十年之久。在中日友好交往

> **知识链接**
>
> 天童寺创建于西晋永康元年（300年）。相传僧人义兴云游至南山，见此地山清水秀，于是结庐在此修行。他的行为感动了玉帝，玉帝派太白金星化身为童子，帮助义兴修建精舍。房屋建成之后，太白金星腾云而去。于是，此山名为太白山，此寺名为天童寺。天童寺名后来几经变化。唐乾元二年（759年），唐肃宗赐名"天童玲珑寺"。唐咸通十年（869年），唐懿宗敕赐"天寿寺"。明洪武二十五年（1392年），寺院改名"天童禅寺"，保留至今。天童寺历史上几经修葺，现存建筑基本保持了古代风貌。

的历史中,天童寺以其独特的方式作出了应有的贡献。被誉为"东南佛国"的天童禅寺,以悠久的历史、巍峨的梵宫、深邃的禅意、优良的道风而蜚声海内外。

普陀山普济寺

普济寺位于舟山市普陀区普陀山白华顶的灵鹫峰南麓。这是我国四大佛教圣地之一的观音菩萨道场普陀山的第一大寺院,是浙江省文物保护单位,也是汉族地区佛教全国重点寺院之一。

普济寺坐北朝南,全寺占地37 019平方米,建筑总面积15 289平方米,共有十殿、十二楼、七堂、七轩等大小房屋231间。这是普陀山最大的一座寺院。寺区内五步一殿,十步一阁,殿宇间古木参天,宝鼎蒙烟。沿中轴线依次筑有御碑殿、天王殿、大圆

▲普济寺

通殿、藏经楼、方丈殿、灵鹫楼等。全寺布局严谨,庄严肃穆。

普济寺前有一个高约20米的石牌坊,四柱三门,柱上横眉雕刻有精致的云绫和石葫芦。坊内北侧,立有一块石牌,写着"文武官员军民人等到此下马"。据传这是皇帝下达的圣旨,过去官吏到此,文官下轿,武官下马,以示对观音菩萨的崇敬。

普济寺前的莲花池,面积约10 000平方米,以盛产五色并蒂莲花而闻名。莲花池又叫"海印池",也叫"放生池",建于明朝。"海印"是指佛的智慧能像大海一样,印现一切之法;而"放生"则是与佛教的"慈悲"、"不杀生"等教义融合,进而发展成为一种普遍的佛事活动。

与海印池相连的御碑亭系清雍正九年(1731年)所建,中竖雍正所书丈六白玉碑一方,高3米,宽1.5米。碑文记载普陀山历史,碑额上雕龙栩栩如

生，书法遒劲刚健。石刻非常精美，可谓双绝。

普济寺的山门面宽五间，重檐歇山，正山门平时关闭，只有在国家元首、寺院菩萨开光或者方丈第一次进门时才能打开，僧人游客均从东山门出入。这与一个有趣的故事有关。相传乾隆皇帝夜游普陀山竟然忘了回去，当他返回普济寺时寺院大门已经关了，他要求开门却遭到了拒绝。把门的小和尚说："国有国法，寺有寺规。"乾隆没有办法只能从东山门进入寺内。乾隆回宫后对此极为恼怒，下了圣旨：从今以后，此门不能开。这也就延续到了现在。

> **知识链接**
>
> 普济寺始建于宋代元丰三年（1080年），初名宝陀观音寺。后屡毁屡建。清康熙二十八年（1689年），康熙南巡时下诏重建寺庙，后又赐题额"普济群灵"。后经多次维修，普济寺各类建筑保存完好。

进入山门后的第一个大殿为天王殿，又叫金刚殿，面宽五间，进深四间，重檐歇山。殿内供奉的是弥勒菩萨，光头、笑脸、袒胸、盘坐，一手拿一只布袋。据说他能将世人一切苦难装入布袋之中。佛像两旁有一副对联："慈颜含笑笑天下之可笑之人，大腹可容容世间难容之事。"，这是劝人们慈悲大度为怀，用乐观态度对待风雨变幻的生活。弥勒菩萨后面的塑像是韦驮菩萨，昂然挺立，手持宝杵。两旁的四大天王宛如四名卫士在维护法门，他们是东、南、西、北四个方面的天王，各自手里拿着法器。殿后有香樟8株，直径0.8米~2米多，枝茂盖庭。

普济寺的主殿是大圆通殿，单层重檐，殿高18米，宽42米，深28米，宏大巍峨，可容数千人。大圆通殿有"百人共进不觉宽，千人共登不觉挤"的说法，于是也被称为"活大殿"。大殿正中供奉的一座毗卢观音像，高约9米，头戴毗卢天冠，天冠上有阿弥陀佛像，眉慈目善，慈祥含笑，身边还站立着善财和龙女，神态天真活泼。东西两壁又各塑有16尊不同服饰、不同形态的菩萨，称观音三十二应身，即观音以不同身份教化世人时的现身说法形象。这在全国都是少有的。圆通殿之所以得此名，正是因为观音只要听到苦难的呼救声，便能眼观，表示"耳根通，即眼、耳、鼻、舌、身、意六根通"。于是"圆通"便成为观音的代名词，其意是"不偏倚，无阻碍，圆满通达"。

在普济寺东南,海印池旁立有普陀山三宝之一的多宝塔。此塔建于元正统二年（1334年）,为普陀山现存最早建筑。塔面五层,以太湖石砌筑而成,取《法华经》中的"多宝佛塔"之义定名。塔的外观朴拙,稳重端庄,不像中国传统的塔玲珑小巧。每层塔的四面都雕有佛龛,里边供奉着全跏趺坐式佛像,属于古代蒙古族统治者信仰的佛教密宗造型,极富元代风格。据考察,这样的塔在中国只有两座,另一座在洛阳龙门石窟,所以它也有很高的文物价值。

普济寺作为我国四大佛教圣地普陀山的第一大寺,是我国寺院建筑的典型代表和浙江清代官式建筑的重要遗存,具有较高的历史文化和艺术价值。

天台山国清寺

国清寺坐落在浙江台州天台县城北的天台山麓,离城区约3千米,是我国佛教天台宗的发祥地,也是日本天台宗的祖庭。

据记载,575年,高僧智顗在这里修行,创立了天台宗。鉴真东渡时曾朝拜国清寺。日本留学僧最澄至天台山取经,跟从道邃法师学法,回国后在日本比睿山兴建沿历寺,创立日本天台宗,因而日本天台宗尊国清寺为祖庭。

国清寺建筑雄伟庄严,按四条南北轴线布列六百多间古建筑,面积超过1.3万平方米。现存的主要建筑有四殿：弥勒殿、雨花殿、大雄宝殿、观音殿。五楼：钟楼、鼓楼、方丈楼、迎塔楼、藏经楼。四堂：安养堂、妙法堂、斋堂、客堂。二亭：梅亭、清心亭。

国清寺作为一座历史文物古寺,寺中保存了大量的珍贵文物。大雄宝殿中的如来佛像为青铜浇铸,重达1万多千克,殿两侧的二十诸天为楠木雕成,这些都是元代遗物。观音殿殿内正中供奉的是千手千眼观音木雕贴金像,两旁或立或坐着观音的三十二种化身,使得满殿金光耀眼、光彩夺目。此外,晋代书法家王

> **知识链接**
>
> 国清寺始建于隋开皇十八年（598年）,初名天台寺,后取"寺若成,国即清",改名为国清寺。南宋列为"江南十刹"之一。之后,国清寺数毁数建,现存建筑为清雍正十二年（1734年）奉敕重修的。

羲之的独笔"鹅"字碑，唐代书法家柳公权的"大中国清之寺"匾，宋代书法家"秀岩"刻石，明代书法家董其昌的"鱼乐图"刻石，以及孟浩然、李白、贾岛、皮日休、陆龟蒙、杜荀鹤、洪适、郭沫若、邓拓、赵朴初等文人雅士在这里留下的不朽名篇，这些都是国清寺极为珍贵的文物。

在大雄宝殿的右侧，还有一棵隋代的梅树，相传是智者大师弟子灌顶法师手植。从圆洞门进去，就可以见到这株苍老遒劲、冠盖丈余的古梅。新中国成立前，因照料不周，隋梅曾数度枯萎；新中国成立后，经过精心照料，隋梅转青，当花开时，疏枝横空，暗香浮动。它是我国现存最古老的梅树之一。

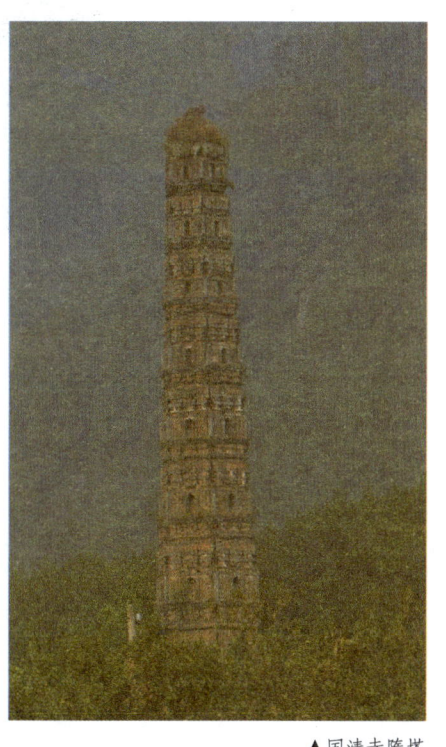

▲国清寺隋塔

关于隋梅，当地有这样一段传说。相传1000多年前，临海白水洋地方，有一对杨姓夫妻喜栽梅花。他们生有一女，取名"梅女"。梅女长到18岁，聪明非凡，尤其是一手刺绣更是出色。这年春天，杨家院中梅花又盛放，乡邻们都来赏梅。消息传到城里，一个不学无术的刁少爷也带着家丁赶来赏梅。他见梅女美貌风姿，就动手去拉。梅女惊怒之下，拿起扫帚将他赶走，一时忙乱，头上银钗掉落地上。刁少爷随手拾起，藏入怀中。两日后，刁少爷请师父出面，带着彩礼来杨家求亲。师父对梅女的父亲说："日前少爷来你家赏梅，已蒙梅女当面相许，并以银钗为凭。"梅父心知有异，唤出梅女相问，知道是刁少父仗势要挟，遂断然拒绝。师爷一听，两眼一愣，留下彩礼，扬言三日后来娶，便自己走了。

梅家父女心急如焚，与乡邻们商量，让梅女改扮男装到国清寺暂避。临行，梅父将一包梅核交给梅女，要她种植寺中，留芳异地。梅女到国清寺，灌顶法师见她聪慧，就让她协助整理经典著作。梅女私下又用姜黄色的丝线，将《法华经》绣在白色缎子上，积年累月，共绣了69777个字。三年后，刁少爷暴病死亡，梅父来国清寺接女儿回家。梅女向灌顶献上白缎经卷和一包梅核。灌顶打开经卷一看，惊喜万分，感动得说不出话来。灌顶法师把梅女留下的梅核埋在寺右的花坛里，最终成长为千年古梅。

▲远看国清寺

寒山寺

"月落乌啼霜满天，江枫渔火对愁眠。姑苏城外寒山寺，夜半钟声到客船。"不知道这首诗牵动了多少文人墨客的心，我们也不知道是张继成就了寒山寺，还是寒山寺成就了张继。

寒山寺现存的主要建筑有大雄宝殿、藏经楼、钟楼、碑廊等。

大雄宝殿是寒山寺的正殿。露台中央设有炉台铜鼎，鼎的正面铸着"一本正经"，背面有"百炼成钢"字样。这里包含着一个宗教传说：有一次中国的僧人和道士起了纷争，较量看谁的经典耐得住火烧。佛徒将《金刚经》放入铜鼎火中，经书安然无损。为了颂赞这段往事，就在鼎上刻此八字以资纪念。殿宇门楣上高悬"大雄宝殿"的匾额，殿内庭柱上悬挂着赵朴初居士撰书的楹联："千余年佛土庄严，姑苏城外寒山寺；百八杵人心警悟，阎浮夜半海潮音。"殿内两侧壁内镶嵌的是三十六首寒山的诗碑，还有悬挂于两侧的十八罗汉像。殿内的两个石刻和尚就是寒山与拾得。图中寒山右手指地，谈笑风生；拾得袒胸

知识链接 ⊙

寒山寺位于江苏省苏州市城西的枫桥镇上，坐东朝西，门对古运河。始建于的梁天监年间（502年），距今已有1400多年的历史，原名"妙利普明塔院"，相传唐时僧人寒山曾在该寺居住，故改名为"寒山寺"。寒山寺历经数代，先后5次遭到火毁，现在的建筑是清末重建的。

▲寒山寺寒山与拾得像

露腹，欢愉静听。两人都是披头散发，憨态可掬。这幅石刻画是一种写意笔画，寥寥几笔便刻画出他们两人春风满面、拍掌而笑的栩栩如生的神态。须弥座是用汉白玉雕琢而成的，晶莹洁白。座上安奉的是释迦牟尼金身佛像。两侧靠墙供奉着明代成化年间铸造的十八尊精铁鎏金罗汉像，是从佛教圣地五台山移置来的。

藏经楼原来是收藏陈放经书的地方，楼屋顶有《西游记》中孙悟空、唐僧、猪八戒、沙悟净的塑像，殿中为寒山、拾得二人的塑像。相传寒山、拾得是文殊、普贤两位菩萨转世，后来又被皇帝敕封为和合二仙，是祥和吉庆的象征。寒山、拾得塑像背后嵌有千手观音画像石刻，石刻最上层为清代乾隆年间苏州状元石韫玉的篆书"千手千眼"。经楼内还有宋人书写的《金刚经》石刻，这是寒山寺极为珍贵的文物。

在藏经楼南侧，有一座六角形重檐亭阁，这就是以"夜半钟声"名闻寰宇的钟楼。钟楼为二层，八角。相传张继诗中的钟就是悬于原来这里的钟楼楼上。但现在的钟楼建筑和这里的钟都不是唐代的了，现在这口钟是清代光绪三十二年（1906年）重铸的。钟声洪亮悠扬。僧人每每撞钟，都要撞108下，这有两层含义：第一层含义是依照佛教传说，凡人在一年中都会有108种烦恼，钟响108次，人的所有烦恼便可消除；第二层含义是每年有12个月、24节气、72候（五天为一候），相加正好是108，敲钟108下，表示一年的终结，有除旧迎新的意思。所以每年的除夕之夜，许多中外游人云集寒山寺，聆听钟楼中发出的108响钟声，在悠扬的钟声中辞旧迎新，祈祷平安。

扬州第一名胜——大明寺

大明寺位于我国南方文化古城扬州城西的蜀岗上，唐天宝元年（742年），名高僧鉴真东渡日本前，在此传经受戒，大明寺因此名闻天下。大明寺现在是中日两国文化交流和传播佛教的圣地。

大明寺依山而建，主体建筑分为三路：中路为天王殿、大雄宝殿等，东路有平远楼、鉴真纪念堂等，西路有平山堂、四园等，殿宇楼台浑然一体，次第相接。

走过大明寺前的广场，迎面是一座庄严典雅的牌楼。牌楼是为纪念栖灵塔和栖灵寺而建，四柱三楹，下砌石础，仰如华盖。中门之上面南有篆书"栖灵遗址"四字，为清光绪年间盐运使姚煜手书，字体雄美。牌楼前面南而踞的一对石狮格外引人注目，石狮按皇家园林规格雕镂，造型雄健，正头，蹲身，直腰，前爪平伏，傲视远方。它们是扬州名刹重宁寺的古老遗物，60年代移至此处。

大雄宝殿是寺内的主体建筑，面阔三间，前后回廊，檐高三重，漏空花脊。屋脊高处嵌有宝镜，阳有"国泰民安"四字，阴有"风调雨顺"四字。大雄宝殿内法相庄严，经幢肃穆，法器俱全。正中坐于莲花高台之上的释迦牟尼大佛，被尊称为"大雄"。大佛两侧是他的十大弟子中

> **知识链接**
>
> 大明寺建于南朝刘宋大明年间（457—464年），寺以年号为名。到隋代仁寿元年（601年），由于寺内建有栖灵塔，更名为栖灵寺。唐会昌三年（843年）塔毁后，复名大明寺。康熙时，再次复名为栖灵寺，到清代乾隆三十年（176年），乾隆皇帝巡游扬州时，又改称法净寺。1980年恢复了大明寺的名称。

的迦叶和阿难，东首坐着药师佛，西首坐着阿弥陀佛。佛坛背后是"海岛观音"泥塑群像，鲜艳生动，引人注目。两边为十八罗汉像。

大殿西侧，有"仙人旧馆"门额，入内便是有名的平山堂。相传此堂为宋代文学家欧阳修在北宋庆历八年（1048年）在扬州任知府时所建。堂前花木扶疏，庭院幽静，凭栏远眺江南诸山，恰与视线相平，"远山来与此堂平"，所以称之为"平山堂"。堂为五楹，前有卷廊，后有短廊与谷林堂相接。堂前远山近水，景色之壮丽被誉为淮南第一。

在平山堂之西是一座富有山林野趣的古典园林——西园，又名御苑、芳圃，为清代光禄卿汪应庚建于乾隆元年（1730年）。园内有一凿石而成的池，池上有桥，池中水波清且涟漪。池的东面有一黄石假山夺水而出，山上群峰突兀，这是扬州当代叠石世家王老七的杰作。园中古木参天，怪石嶙峋，池水潋滟，亭榭典雅，山中有湖，湖中的泉水甘冽清甜。据唐人张又新《煎茶水记》所载，这里的泉水在当时被品评为"天下第五泉"。欧阳修在《大明寺泉水记》中称："此井为水之美者也。"现在设有"五泉茶社"。

▲大明寺鉴真纪念堂

大明寺中最有特色的建筑是鉴真纪念堂。这是纪念东渡日本的高僧鉴真的地方。它是我国著名建筑家梁思成仿照鉴真在日本奈良主持建造的唐招提寺式样，于1962年设计的，共包括碑亭、长廊和纪念堂三部分，总面积达700平方米。纪念堂正中鉴真法师坐像，为楠木雕刻干漆夹纻而成的。坐像前有一只铜香炉，为日本天皇所赠。此外，寺内有日本奈良唐招提寺住持森本孝顺长老于1980年赠送的石灯。在东西两侧墙上是鉴真东渡事迹的绢饰画。在鉴真纪念堂前建有碑亭，正面刻赵朴初所撰碑文。殿堂两侧有长达80米的回廊与碑亭相连，构成一独立庭院，为寺院增添美景。

珍藏中国 中国的寺院

▲大明寺

云岩寺

上有天堂，下有苏杭。云岩寺位于占尽人间仙境一半的苏州市阊门外的虎丘山上。虎丘山相对高度30多米，周围20余万平方米，佛寺沿小山而筑，将山包于殿宇之后，有"红日隐檐底，青山藏寺中"之说。寺内拥有的中国斜塔虎丘塔，享誉海内外。

寺院现存的主要建筑有头山门、二山门、大殿、虎丘塔、御碑亭等。

未入山间，便可望见隔河照壁上有四个大字"海涌流辉"。民间传说，海涌山中有虎占山为王，危害生灵。曾在寒山寺挂锡的寒山僧乃文殊菩萨的化身，其坐骑青狮恼于白虎作恶，趁文殊闭目养神之机，潜出山门，直扑虎踞之丘。虽降伏白虎，却已来不及返回佛门，青狮跌落于枫桥之南化作石山，最后一瞬还回头顾虎，因此在当地有"狮子回头望虎丘"的俗语。被降服的白虎，也化成今天的虎丘。远视正山门如虎头一般，门前两井为双目，对称风墙为双耳，临河石阶为牙齿，断梁殿为咽喉，西山桥与东山桥为一伸一屈的虎扑，山为虎身，林木为毛，山顶斑驳的虎丘塔即老虎尾巴了。

二山门面阔三间，单檐歇山式屋顶。二山门又被称作断梁殿，是14世纪元代建筑。入殿仰望，可见中间主梁由两段木头拼接而成，好似断梁，所以

146

又名断梁殿。据地方志记载:"其如此构造者,系模仿旧制。盖虎丘旧有梁双殿,传为古迹。宋淳熙中有僧凡庸,好修造,尽毁之,故古迹淹没。后人重新结构,拟恢复旧观,亦以双木接成殿梁,俗呼断梁殿,其用意只为保存古迹耳。"可知此殿为我国现存不多的一座重要的江南元代木构殿宇。

云岩寺大殿面阔五间,进深三间,单檐歇山屋顶。殿内正中供奉的是释迦牟尼佛像,两侧为阿难和迦叶像。殿前共有石阶五十三级,在每级上都可以看到释迦牟尼佛像。人行其上,一步一点头,好似在给佛祖礼拜。这种布局方式,寓意着人们正在走散财童子五十三参成道的道路。

在二山门到大殿间,有块由南向北倾斜的大盘石——千人石。千人石有1000多平方米,中间两处突起的地方,高下如同切削,其上十分平坦,为别处所罕见。相传天竺僧人道生曾在此讲经说法,其下有千人列坐听讲经书。道生深入浅出阐明佛理,虎丘山上的石头也禁不住点头称是,这就是我国历史上有名的"生公说法,顽石点头"的典故。

虎丘塔位于寺院的最高处,是云岩寺中的精华,是古城苏州的象征。虎

▲云岩寺

丘塔始建于10世纪末五代时期，建成于北宋建隆二年（961年）。塔八角七层，高47.5米，全砖砌，重约六千四百吨，仿木楼阁式。塔身施以平座、腰檐，每面有柱枋斗拱，用柱分成三间正中壁壶门，两侧隐作直棂窗。顶刹杆上已无刹件，仅存铁制覆钵。每层高宽内收，塔的轮廓成为微微膨出的弧线型。塔底层每边5.65米，对径13.66米。外壁之内有回廊，塔心置方形小室。木梯设在回廊内，使塔心与外壁分开，这是宋塔中少见的形式。室内壁面粉塑着宋代特征的纹样，对研究古代装饰有相当价值。由于塔身北倾，偏离中心线二点三米，其倾斜度仅次于意大利比萨斜塔（偏离中心线4.1米），所以虎丘塔又被称为中国斜塔。此外，虎丘塔还是唐塔四方、单壁、砖砌的形式向宋、元时期多角、双筒、砖木混合塔转变的实物，非常珍贵。千年逝去，王朝更迭，唯有虎丘塔依然巍巍耸立。

> **知识链接**
>
> 云岩寺始建于东晋年间年（317—420年），初名虎丘寺，为东晋司徒王珣舍宅为寺建立的。唐初，为避讳唐高祖李渊之祖父李虎的名讳，改名为武丘报恩寺。宋至道年间（995—997年）重建，并更名为云岩寺。云岩寺几经被毁、重建，现存建筑多为清末所建。清康熙皇帝的御笔大匾"虎阜禅寺"仍然挂在头山门上。

　　此外，云岩寺的试剑石、百莲池、孙武子台等，都是寺院极为宝贵的文物。"出城先见塔，入寺始登山"、"塔从林中出，山向寺中藏"，云岩寺以其引人入胜的景色、极为珍贵的文物，不断吸引着四方的游客慕名而至。

江苏南京——栖霞寺

　　江苏省南京市东北22千米处的栖霞山上，坐落着中国著名的千年古刹栖霞寺。栖霞寺始建于南齐永明七年（489年），是明僧绍把自己的住宅改作寺院而成，初名"栖霞精舍"。唐代扩建，改名功德寺，增建了大小殿宇四十九所，规模宏伟，与山东临清灵岩寺、湖北江陵玉泉寺、浙江天台国清寺并称为中国佛教"四大丛林"。

　　栖霞寺倚山势而建，共占地26666.67平方米，背倚千佛岩，四周层峦拱萃，万壑堆石，雄奇肃穆，气象万千。山门外为一御碑亭，亭中的石碑是唐高宗李治为赞扬舍宅为寺的明僧绍撰文刻立的,这是寺内保存的一座珍贵的唐塔。进入山门,便是弥勒佛殿,殿内供奉袒露胸膛、面带笑容的弥勒佛,背后为昂首挺立的韦驮。出殿拾级而上,便是寺内的主要殿堂——大雄宝殿,殿内供奉着高达10米的释迦牟尼佛。大雄宝殿后为毗卢宝殿。大殿雄伟庄严,正中供奉高约5米的金身毗卢遮那佛,弟子梵王、帝释侍立左右,二十诸天分列大殿两侧。佛后是海岛观音塑像,善财、龙女、侍女分立在观音的左、右、后。此外,观音三十二化身遍布全岛。堂内塑像,工艺精湛,入化传神,令人赞叹。

藏经楼是寺院的最高处,楼内七十二函匣内珍藏着汉文《大藏经》7168卷,另有各种经书1.4万余册。在佛龛中供奉着用整块汉白玉雕成的释迦牟尼玉像一尊。这尊玉佛据说来自缅甸,极为珍贵。栖霞寺为唐代鉴真和尚足迹所至之处,藏经楼左侧为"过海大师纪念堂",堂内供奉着鉴真和尚脱纱像。鉴真和尚第五次东渡未成时,归途曾驻足于此。大堂内还陈列着鉴真和尚第六次东渡图以及鉴真和尚纪念集等文物。这些都是日本佛教界赠送的,是中日佛教界友好往来的历史见证。

▲栖霞寺舍利塔

舍利塔在藏经楼的右侧。始建于隋文帝仁寿元年(601年),后被毁,现存建筑为五代重建,是长江以南最古石塔之一,1988年被国务院列入第三批全国重点文物保护单位。这是一座八角五层的石塔,用白石砌成,高约15米。塔基四面有石雕栏杆,基座之上为须弥座,座八面刻有释迦牟尼佛祖从投胎到涅槃的八相故事,所以又称八相图。八相图之上为第一级塔身,第一级塔身特别高,八角形,每角有倚柱,塔身刻有文殊、普贤菩萨及四大天王像等浮雕。以上各层上下檐间距离较短,五层檐由下至上逐层收入,塔身亦有收分。檐下斜面上还雕刻飞天、乐天、供养天人等像，与敦煌五代石窟的飞天相似。塔顶刹拄为莲花形。整个舍利塔造型精美，图像严谨自然，形象生动，构图颇富有中国画的风格，是我国五代时期佛教艺术的杰作。

舍利塔东为大佛阁，又称三圣殿，内供无量寿佛，开凿于南齐。佛像高13.3米，左右分立观音菩萨和大势至菩萨，高11米。佛像的衣褶风格，似大同云冈石窟的石佛。大佛阁前立有两尊石佛，高3米多，秀美典雅，与洛阳龙门石佛相似，也是中国佛教艺术黄金时代的绝世珍品。

大佛阁后是千佛崖，这是我国唯一的南朝石窟。石窟内大大小小的佛像700余尊，有"江南云冈"之称。其中最大的佛像是无量寿佛，高达10米，左右是观音、大势至菩萨立像，组成西方三圣。周围崖壁上布满着佛像，在最后一个石窟中，出现了一尊手执铁锤和铁锥的石工雕像，据说是佛像的开凿者把自己的形象也凿入佛门。千佛崖的佛像精美壮观，是我国石刻艺术的一座宝库。

南京鸡鸣寺

在南京有一座鸡笼山。鸡笼山背湖临城，满山浓荫绿树，翠色浮空，山清水秀，风景绮丽。这里有一座鸡鸣寺，在三国时属于吴国后苑。东晋以后，此处被开辟为廷尉署，至南朝梁普通八年（527年）梁武帝在鸡鸣埭兴建同泰寺，才使这里真正成为佛教圣地。

1958年鸡鸣寺改为尼众道场。1979年，政府为了保护名胜古迹，落实宗教政策，决定重建鸡鸣寺。1983年以来，在方丈宗诚法师领导下，寺庙修复了头山门、观音殿、大雄宝殿、豁蒙楼、景阳楼、韦陀殿、弥勒殿、志公台、念佛堂、药师佛塔、藏经楼、法堂、客堂等。1985年鸡鸣寺重新对外开放，随后又逐步修了大山门、毗卢宝殿、钟楼、鼓楼、放生池等建筑。

鸡鸣寺集山、水、林、寺于一体，环境十分幽雅。宝刹庄严，铜佛闪耀，寺内楼阁参差，殿宇辉煌，浮图耸空，香火缭绕，游客不绝。佛殿建筑精美，佛像庄严。东抗钟阜，西接北极，下瞰台城，俯临玄武，山色湖光，湖中枭雁，历历可数。每当春秋之交，伫立塔上，放目远眺，荷花万顷，红绿相间，如汉宫晚妆，美不胜收。每当农历二月十九日、六月九日、九月十九日，即观音菩萨诞生、成道、出家纪念日，五六万善男信女前来朝山敬香，人流如潮，幽净的寺院顿时显得热闹非凡。

由鸡鸣寺路左侧循石级缓步而上，一座黄墙洞门迎面而立，洞门正中"古鸡鸣寺"四个金字熠熠生辉，这就是鸡鸣寺山门。步入山门，左为施食台。由施食台往前为弥勒殿，其上为大雄宝殿和观音楼，殿内供奉着两尊由泰国赠送的释迦牟尼佛和观世音菩萨镏金铜坐像，并新塑了观音应身像三十二尊，供奉于殿内。大雄宝殿之东为凭虚阁遗址，西为塔院。塔院内全部采用青石磨光雕花工艺，青石铺设地面，一座七层八面的药师佛塔拔地而起。此塔为1990年重新建造，是鸡鸣寺历史上的第五座大佛塔。塔高约44米，外观为假九面，实为七级八面。斗拱重檐，铜刹筒瓦，在阳光照耀之下，塔刹金光四射。塔身建有内梯外廊，宏丽壮观，映带霞辉。此塔被称为消灾延寿药师佛塔，含国泰民安和为香客、游人消灾延寿的祝祷之意。

南京灵谷寺

灵谷寺原址在钟山南麓独龙阜上，始建于南朝梁代，内葬名僧宝志和尚遗骨，造有志公塔，唐代更名宝公禅院，南唐改称开善道场，北宋称太平兴国寺，明初改名蒋山寺。明洪武十四年，朱元璋为建明孝陵把蒋山寺和志公塔迁到今址。"灵谷寺"名由朱元璋亲自拟定。该寺规模宏大，后毁于兵火，仅存无梁殿。今天的灵谷寺是清同治六年曾国藩所修"龙王庙"。

灵谷寺内最有特色的建筑要数无梁殿了。无梁殿原称无量殿，因殿内供奉无量寿佛而得名，是古代建筑史上的一颗明珠。无梁殿建于明洪武十四年（1381年），高22米，宽53.8米，纵深37.85米。外部飞檐挑角，恰如巍峨的宫殿，内部却如前后回旋的涵洞，深邃幽静。整个建筑都用砖造成，不施寸木。明末寺庙毁于战火时，唯此殿幸存下来。其建筑年代之久远、气势之宏伟、结构之坚固堪称国内同类建筑之最。殿

> **知识链接**
>
> 灵谷寺位于南京东郊中山陵园风景区内，园内林木参天，环境幽深，一到秋天，叶红似火，色彩斑斓，景色格外迷人。灵谷寺是南京市著名佛教寺院之一。这里古树参天，曲径通幽，"灵谷深松"被誉为金陵四十八景之一。

前有一座五楹带顶的阵亡将士牌坊，中间坊额刻"大仁大义"，背面刻"救国救民"。坊前置一对汉白玉雕成的貔貅。殿内墙上书刻孙中山的《总理遗嘱》，还书刻国民革命阵亡将士名单。无梁殿后是阵亡将士第一公墓，此墓连同位于东西各300米处的第二、第三公墓共埋葬北伐与抗日阵亡将士1 029名。弧形墓墙后是松风阁，建于几十级台阶之上，阁高10米，宽41.7米，九楹二层，外有回廊，四周红柱环绕，二楼为中空式，顶覆绿色琉璃瓦，蓝色披檐。阁后甬道正中置宝鼎一座。上刻"名鼎垂勋"四字。由此向北约百米就是灵谷寺的标志性景点灵谷塔，塔高66米，九层八面，底层直径14米，顶层直径9米，为花岗石和钢筋混凝土混合结构。1933年建成，当时称阵亡将士纪念塔，俗称九层塔。塔内有螺旋式台阶绕中心石柱而上，共计252级，每层均以蓝色琉璃瓦披檐，塔外是一圈走廊，廊沿有石栏围护，供游人凭栏远眺。

▲灵谷寺灵谷塔

在宝公塔前有著名的"三绝碑"。碑上有唐代大画家吴道子画的宝志禅师像，大诗人李白的诗赞和颜真卿所书的字。李白的赞诗为："水中之月，了不可取；虚空其心，寥廓无主。锦檬乌爪，独行绝侣；刀齐尺梁，扇迷陈语。丹青圣客，何住何所。"碑上还刻有宝志和尚的十二时歌，为元代书法家赵孟頫的手笔。诗、画、字珠联璧合，美不胜收，为碑刻精品。此碑真迹已不传，现存的为清乾隆以后的仿刻品。

宝公塔是宝志禅师迁葬之处。塔旁有八功德水，也为灵谷一景。传说这泓泉水是古代西域高僧昙隐从西域引来，有八大特点，即一清、二冷、三香、四柔、五甘、六净、七不饐、八蠲疴。据说南北朝时，僧人就用泉水治

病，使之名扬天下。有诗赞曰："翠壁如屏旱不枯，一泓甘滑饮醍醐。高僧到此闻丝竹，还有金鳞对跃无。"

▲灵谷寺无梁殿

上海龙华寺

龙华寺有一个这样的传说。相传在三国时期，西域康居国大丞相有一个大儿子，单名叫会。他不恋富贵，看破红尘，立志出家当了和尚，人称"康僧会"。康僧会秉承佛旨，来到中华弘传佛法，广结善缘，东游于上海、苏州一带。一日，他来到龙华荡，见这里水天一色，尘辙不染，认为是块修行宝地，就在这里结庐而居。他不知道，这里之所以景致幽静不凡，是因为广泽龙王在这儿兴建了龙宫。广泽龙王见来了个和尚居住，心中很不高兴。一时起了恶念，要兴风起雾，掀翻和尚的草庐，把和尚吓走。可是龙王突然发现草庐上放射出一道红光，上有五色祥云，龙王吃了一惊，他挨近一看，见康僧会神色端详，正在打坐诵经。龙王听了一会儿，被和尚所诵的佛旨所感动，不仅打消了原来的恶念，还走上前对康僧会说，自己愿回东海去住，把龙王宫让给康僧会，用来兴建梵宇。康僧会接受了龙王的一番好意，他就把龙宫改建成龙华寺，还专程赶到南京拜会吴国君主孙权，请他帮助建造佛塔，好安置自己所请到的佛舍利。就这样，龙华寺

知识链接

龙华寺位于上海徐汇区的龙华镇，是上海地区历史最久、规模最大的古刹。相传龙华寺始建于三国，吴王孙权为其母所修，距今已有1700多年的历史。如今的龙华寺早已成为了以古寺、古塔、龙华庙会、龙华晚钟构成的宗教旅游胜地。

中又建了13座佛塔，安放13颗佛舍利。

龙华寺内景色幽静，殿宇巍峨，金碧钩耀，禅韵庄严凝重。寺内殿堂齐整，布局合理，主要建筑有钟楼、鼓楼、弥勒殿、天王殿、大雄宝殿、三圣殿等。

▲龙华寺三圣宝殿

进入山门后，第一殿为弥勒殿。殿的正中供奉着弥勒菩萨。据《弥勒上生经》、《弥勒下生经》记载，弥勒出生于婆罗门家庭，后为佛弟子，先于佛入灭，上升兜率天（弥勒净土）内院，后下生人间，于华林园龙华树下得道成佛，向天人说法，广度上、中、下三根众生，谓之"龙华三会"。相传龙华寺的名称，就是取弥勒菩萨在龙华树下成佛之意，所以龙华寺被称为弥勒菩萨的道场，因而建立殿堂供奉弥勒像。这里供奉的弥勒像和其他寺庙一样，相传是中国五代时的布袋和尚形象，袒露胸膛，笑口常开。

第二殿为天王殿。殿两侧是身高4米的四大天王像，面貌圆盛，姿态端严。与别的寺庙天王殿不同的是，这里还供奉着一尊天冠弥勒像。佛教认为，他是现在还住兜率天的弥勒菩萨的法相，头戴五佛冠佩璎珞，称为天冠弥勒。

第三殿为大雄宝殿，是寺内的主殿。殿中供奉三尊金身"华严三圣"。正中是毗卢遮那佛，又称报身佛。左边是文殊菩萨，顶结五髻，身骑狮子，表示智慧威猛。右边是普贤菩萨，身骑白象，以示尊贵。大殿前面西侧供奉着二十诸天，是护持佛法的天神。塑造精美，形态各异，其中鬼子母神像旁边还站立着一个小神像，取材于佛经故事：鬼子母神生性残暴，爱吃别人的孩子，释迦牟尼为了教育她，扣来了她的儿子，并给她讲佛教与人为善的道理。鬼子母神后来带着孩子一起皈依了佛教。大殿后边两侧供奉着十八罗汉塑像，神态生动、庄严。大雄宝殿后面是一幅大型的海岛壁塑，取材于散财童子求法的佛教故事。散财童子是一位十分好学、谦虚的佛弟子，四处向诸佛求法，先后向53位佛和菩萨求教。佛教称"五十三参"。散财童子求教的第27位菩萨是观音菩萨。塑像的正中是慈祥的观音菩萨在大海中巡游，意为在无边的苦海里救苦救难，普度众生。画面上有许多两手合十的小善财正在向各方求教。

　　第四殿的三圣宝殿，是1983年重修的殿堂。殿内供奉三尊金身"西方三圣"，中间是接引佛阿弥陀佛像，左边一尊为观音菩萨像，右边为大势至菩萨像。与别的寺院不同的是，这里的观音菩萨是男相。在印度佛教史上，观音本是男的，传到中国后，从南北朝时期起出现了女相，唐代后女相盛行。在中轴线两侧，有钟楼和鼓楼。是清代遗留下来的三层重楼。钟楼上悬着一口清光绪二十年（1894年）铸造的青龙铜钟，高约2米，重达6500千克。"龙华晚钟"被誉为上海八景之一。

上海玉佛寺

　　玉佛寺，不仅是沪上名刹，也是闻名于海内外的佛教寺院。作为上海旅游的十大景点之一，它虽地处繁华的市区，却又闹中取静，被喻为闹市中的一片净土。它坐落在上海市区北侧的安远、江宁路口，建于1918年，是一座仿宋殿宇建筑，布局严谨，结构和谐，气势宏伟。寺内中轴线上，依次为天王殿、大雄宝殿、玉佛楼（方丈室），左右两侧有卧佛堂、观音殿、铜佛殿和斋堂，错落有致。每逢初一、十五或佛教传统节日，善男信女，三皈居士，接踵而至。院内香烟缭绕，福烛高照，都市风光中的丛林名刹，超凡脱俗、别具韵味。

　　步入第一进殿——天王殿，可见三扇朱红大门，本意为"三门解脱"。过去因寺庙多建在崇山峻岭中，庙门也称山门，"山"与"三"异字同音，"三门"也成了寺庙的代名。殿前供奉的是家喻户晓的弥勒菩萨，其实，这位方脸大耳、胸袒腹露的笑佛源于五代时浙江奉化契此和尚。因他常持布袋，随处行乞，故也称"布袋和尚"。916年，布袋和尚在浙江奉化密林寺圆寂。因临终偈语"弥勒真弥勒，分身千百亿；时时示世人，世人自不识"，始被认作弥勒化身，后人塑像作为弥勒供奉。

中国的寺院

　　二进主殿为"大雄宝殿"。内供三尊金身大佛，正中是佛祖释迦牟尼，东侧是东方琉璃世界的药师佛，西侧是西方极乐世界的阿弥陀佛。宝殿后方设"海岛观音"壁塑，中间手持净水法瓶、脚履鳌鱼、慧眼注视人间的是"大慈大悲、救苦救难观世音菩萨"。她站在鳌鱼头上，漂洋过海，前往拯救苦难众生。观音的两旁倚立着龙女和善财，他们都是观音的弟子。壁塑的外两侧，左边是骑白象的普贤菩萨，右边是骑青狮的文殊菩萨，观音塑像上方那位双手抱膝，面容疲乏的则是释迦佛出家六年后，历尽艰险苦难时的造

▲玉佛寺

型。壁塑下部是造型各异的十八罗汉像，有的平和慈祥，有的刚劲勇猛。一般寺院都把十八罗汉排在大雄宝殿的左右两侧，而玉佛寺把他们安排在海岛观音塑像的下边，独具特色。

第三进为方丈室。匾额称"般若丈室"，般若意为智慧，丈室世称方丈，意为一丈方地，容量无限。正面墙上挂着禅宗始祖达摩画像。方丈室楼上即是玉佛楼了。大殿正中供奉的即是慧根法师请回的玉佛坐像，像高1.92米，重一吨，由整块白玉精雕而成，玉质细洁，造型优美，为释迦牟尼的法相。佛身上装贴的金箔和镶嵌的宝石，光彩夺目，系信徒们所捐。游客到此，无不赞叹玉佛雕琢，巧夺天工，精美绝伦，举世无双。玉佛两侧橱柜内，珍藏着清刻《大藏经》七千余册。

玉佛寺是因为寺内的两尊玉佛而得名。一尊是被称作"镇寺之宝"的释迦牟尼坐像，高1.95米，由整块玉石雕琢而成。让人称奇的是，不管你站在哪个角度，玉佛总在安详注视着你。另一尊是卧佛堂里珍藏着的卧佛像。这尊像由一整块汉白玉精雕而成，长96厘米，身披袈裟，偏袒右肩，右手支头侧卧在红木榻上，与北京香山卧佛寺的卧佛造型相同。卧佛像又称释迦牟尼涅槃像，表现的是释迦牟尼80岁时，在拘尸国郊外娑罗双树下涅槃（佛教追求的最高境界）时的状态。脸部神情平和宁静，安详自然，面带微笑。身上衣纹条圆滑流畅，表现出精湛的雕琢水平。

追溯这两座玉佛的来源，就能了解到玉佛寺的创建与兴衰。清朝光绪初年，浙江普陀山僧人慧根法师云游山西五台山、四川峨眉山后，从西藏出国到达印度和缅甸。他见缅甸藏美玉，就募化了白金二万多两，在缅甸国王的支持下，开取玉料，聘请西藏的能工巧匠精心刻造，做成五尊玉佛像，"且以宝石巨珠为饰，金容汇合月，七宝庄严"。1899年，慧根从海上将五尊佛像运回上海，留下两尊供上海佛教徒膜拜瞻仰，另三尊运回了普陀山。有一种说法是：当时，轮船招商局没有起重机，这两尊佛像太大，无法起运，就留在上海了。

佛教寺庙不仅仅是信徒烧香拜佛的活动场所，也是中国传统文化的宝地，是开展对外交往的一个窗口。玉佛寺在对外接待方面也做了大量工作，成为上海市对外友好交往的一个重要窗口。

闽粤琼云寺院

南普陀寺

南普陀寺是一座有千余年历史的佛教寺庙，位于福建省厦门市东南五老峰下，面临碧澄海港，规模在厦门岛佛寺中居首位。

南普院寺共占地258 000平方米，建筑面积21 270平方米，坐北朝南，依山面海而建，规模宏大，气势庄严，中轴线主建筑为天王殿、大雄宝殿、大悲殿、藏经阁等。

天王殿也称弥勒殿，为歇山顶重檐蹲角式单层砖石、木构建筑，面阔五间，前有红漆大门，后无墙，内供弥勒菩萨、护法韦驮和四大天王佛像。弥勒佛慈眉笑眼，耳垂双肩，袒胸露脐，笑容可掬，似乎对每一位来客都表示恭候光临。两侧为怒目环视的四大天王，殿后的韦陀菩萨覆掌按杵而立，威武异常。

大雄宝殿是整个寺院的中心，该殿主要供奉过去、现在、未来"三世尊佛"，中间是释迦牟尼佛，东边是药师佛，西边是阿弥陀佛。释迦牟尼佛两旁，还有

> **知识链接**
>
> 南普陀寺建于明代永乐年间（1403—1424年），明末毁于兵火。清康熙二十三年（1684年），靖海侯施琅将军重建，寺院因供奉观世音菩萨，与浙江普陀山观音道场类似，又在普陀山以南而得名。此后数百年，寺院经过多次重修扩建，至民国初年，已构成三殿七堂俱全的禅寺格局，成为近代闽南最具规模的名刹。

两位尊者，东边是大弟子迦叶尊者，西边是阿难陀尊者，前面是千手千眼观音。关于这个千手千眼观音，民间还有这样的传说。相传古时有个老人，养了三个女儿，一天老人病了，需要人眼做药引子。大女儿和二女儿都不管，而小女自愿献出自己的眼睛，治好老人的病。此事感动了释迦牟尼，便创造了一个千手千眼观音来纪念她，并站在自己的面前。大雄宝殿的建筑材料取材于本地花岗岩、青斗石，所有梁、柱、础、斗拱、栏杆都独具特色。整个建筑构造精巧，技艺讲究，屋脊嵌有"九鲤化龙"、"麒麟奔走"、"凤凰

▲南普陀寺

展翅"等图案，这些都是剪瓷镶嵌而成。大殿的屋脊是弯月起翘、紫燕凌空，显得轻巧灵动。大殿墙上有"清影摇风"、"楚江秋吟"等山水花鸟画和"神河沐浴"、"六年苦行"等释迦牟尼诞生故事的连环画。这些都集中体现了闽南古建筑的传统工艺，具有"闽南佛殿"的特点。

大悲殿建于石砌台基之上，呈八角形三重飞檐，中间藻井由斗拱层层迭架而成，无一根铁钉，构造极其精巧。殿内正中奉祀观音菩萨，其余各面为48臂观音，造型优美，姿态多样。因闽南信众均崇奉观音菩萨，所以此殿香火异常鼎盛。

中轴线上的最高建筑为藏经阁，它是歇山重檐式的双层阁楼，一层为法堂，是僧人们讲经说法的地方。二层是玉佛宝殿，有缅甸玉佛28尊，并珍藏中外佛典经书数万卷。

南普陀寺里还有七座白玉如来佛塔和两座11层高的万寿塔，那是90年代由几位信士捐建。万寿塔前有个莲花池，夏日荷花盛开时，蓝天、白塔、绿叶、花海，展示这里是分外清静高洁的佛门净地。

南普陀寺中还有许多珍贵的文物，有北魏、唐、宋、明、清的古佛造像、泰国、斯里兰卡、柬埔寨、印度送的各种佛菩萨造像。此外还有与清初施琅建寺同时新铸的大钟、造于宋元时期的七佛宝塔，明代比丘、比丘尼刺血书写的《妙法莲花经》和珍版的《大藏经》多部。

此外，南普陀寺还以清纯素雅的素斋驰名中外，这里的素斋既讲究色、香、味，又讲究形、神、器，一道菜一个雅名，神韵高雅，诗情画意。其中"半月沉江"这道菜最为有名。

福州西禅寺

"荔树四朝传宋代，钟声千古响唐音"是镌刻在古刹大门坊柱上一副楹联，这是清代周莲撰写的联句，点明"西禅寺"是唐朝的古寺。西禅寺坐落在福州市西郊怡山凤尾村，名列福州五大禅林之一。始建于唐咸通八年（887年）。相传南北朝时炼丹士王霸居此"炼丹成药，点石为丹"。每逢饥岁，便靠卖药卖金换米救济穷苦百姓。后来王霸"服药仙蜕"，人们便在他的故居建寺。隋末废圮。唐咸通八年重建，定名为"清禅寺"，后改为"延寿寺"、"怡山西禅长庆寺"，俗称"西禅寺"。该古刹十分巍峨壮观，门坊名冠全国最大。

寺内有大王殿、大雄宝殿、法堂、藏经阁、客堂、禅堂、方丈室、念佛堂、库房、斋堂、明远阁、钟楼、鼓楼、玉佛楼、观音阁、报恩塔、新念佛堂、上客堂、海会楼等四十多座建筑物。整个寺庙廊檐广阔，园林遍布，荔枝树数百株环绕其间，小桥绿水，清幽古雅，是福州市一大名胜。顺着林间石砌甬道，入山门，步进天王殿，穿廊历庑，来到大雄宝殿。这里佛相庄严，画梁雕栋，尤增金光辉煌。大柱刻有一副楹联："宝刹镇怡山，溯当年初辟荆榛，七源通斗极；法轮转瀛海，喜此日重装龙象，上方钟梵迦陵。"殿后通向法堂前庭，花丛幽雅。右有一株荔枝树，盘根错节，高不过3米，标名"宋荔古迹"，非同凡

> **知识链接**
>
> 西禅寺报恩塔是寺内较引人注目的一座建筑，它建于1986年，为仿古八角型楼阁式砖塔，塔高67米，共有15层，内有8厅，外有9廊，是国内最高的砖塔。报恩塔的每层塔壁都嵌有惠安著名石匠精心雕刻的佛像和佛教故事，且点缀有飞禽走兽、花草虫鱼。

品。对峙在左侧的一株唐代慧棱禅师手植的荔枝，俗名"天洗碗"，几年前已枯毁。赵朴初首次访谒时，题咏一绝："百柱堂空观劫后，千年象教话当时。禅师会得西来意，引向庭前看荔枝。"

出了法堂，绕过后墙，新建一座华严三圣佛殿，与西禅古寺三殿坐落在一条中轴线上。佛殿新铸三尊大佛，左文殊骑狮，右普贤驮象，形象逼真。从这里左行几十步，便进玉佛楼，径登阶石，步入观音阁。阁厅正中新塑一尊千手千眼观世音佛像，纯用黄铜铸成，重达29 000千克，为全国仅见。阁前玉佛楼，柱刻："宏法大雄，胜迹重开存宋荔；安禅贞志，空门高讽隐诗僧。"概述"胜迹重开"的艰辛和"宏法大雄"的盛况。重修古寺的诗僧梵辉，著有《福建名山大寺丛谈》、《西禅古寺》等书行世。楼内有两尊玉雕佛像，全由海外侨胞捐赠。一在楼下，坐佛，身高2.3米，为释迦牟尼正面坐像；一在楼上，卧佛，身长4米，重10 000千克，为释迦牟尼卧像，居全国最大的玉佛之一。附近还有一座藏经楼，藏有清康熙御笔的《药师经》、刺血书写的《法华经》等属于珍贵文物的经卷。顺着阶石，穿过花庭甬道，就能到达报恩塔前。

▲西禅寺

西禅寺是福州与东南亚一带文化交流的窗口，每年许多国外高僧信徒登临参谒，又成古刹与众不同的一大景观。

福州涌泉寺

福州市鼓山涌泉寺建在海拔455米的鼓山山腰，前为香炉峰，后倚白云峰，有"进山不见寺，进寺不见山"的奇特建筑格局。涌泉寺为"闽刹之冠"，又是全国重点寺庙之一。

涌泉寺占地约17000平方米，仍保持着明清的建筑风格。寺依山傍谷，槛廊连缀，25座大小殿堂簇拥着大雄宝殿。大雄宝殿巨柱耸立，飞檐凌空，雄伟辉煌。殿内释迦牟尼三世佛不着梵服，只披汉装，端坐其中；两旁十八罗汉神态各异，"法相庄严"。在大殿后侧，有尊重约1150千克的"三圣像"。像前有一张桑丝木制成的长桌，据说历经多次火劫，至今仍完好如初，被称为镇寺之宝。

涌泉寺分别于明永乐六年（1408年）及明嘉靖二十一年（1542年）两度毁于大火，明崇祯七年（1634年）重建，到清代又几次修建后，于1983年重修至今，如今的涌泉寺基本上保持了明清两代的建筑风格和布局。整座佛寺有大小殿堂25座，以天王殿、大雄宝殿、法堂三大殿堂为主体、依着山势层层上升、构成完整的古代建筑组群。 涌泉寺前两侧的两座千佛陶塔，是北宋元丰五年（1082年）烧制的，左边一座称"庄严劫千佛陶塔"，右边一座称"贤劫千佛陶塔"，双塔是用陶土分层烧制累叠而成，八角九层，高约7米。塔身细部为仿宋代木构楼阁建筑风格，两座塔上各塑1 038尊佛像，因而叫做千佛宝塔。八角塔檐另塑有僧人武将各36尊，悬挂陶制塔铃72枚。塔座上塑莲瓣、舞狮、侏儒，并刻有铭文，记载建塔时间和工匠姓名等。

▲ 涌泉寺宋代陶塔

涌泉寺曾为中国寺院的一所重要经书出版机构，现在仍保留有明末清初及近代的各种雕版2万多块。此外在藏经殿中还藏有许多国内少见的佛学孤本、手抄本，如元刊本《延佑藏》76卷，据说内50卷为1315年的建阳"麻沙版"，最为珍贵。清康熙、乾隆时收藏的"赐御藏"12橱以及《明朝南藏》、《明朝北藏》、《清朝梵本》、《书本藏》、《日叙本藏》等经书9 000多部也皆为珍宝。1925年，弘一法师"倡缘印布"鼓山涌泉寺住持道濡著作《大方广佛华严经疏论纂要》。他曾写序称赞涌泉寺为"庋藏佛典古板之宝窟。"

涌泉寺还保存着唐代以后的陶瓷器、明清书画、佛像和法器，宋代陶制观世音佛像、白玉石佛像，泰国的铜钟和缅甸、印度等国的贝叶经等文物。香积厨里还保存着四口铜铁合铸的巨锅，已有900多年的历史，其中最大的一口直径1.67米，深0.8米，可一次煮米250千克，供千人食用。

鼓山涌泉寺最盛时，僧人曾达1500多人。现在香积厨仍保留有4口巨锅，为宋景佑年所制，距今有960多年。其中最大一口，一次可装水1 000千克、下米250千克，真可谓是"千口之锅"，养千人之众。

粤东第一名刹——曲江南华寺

南华寺于南北朝时的梁天监元年（502年），由印度僧人智药三藏创建，初名宝林寺，至今已有1 500多年的历史了。唐仪凤二年（667年），禅宗六祖惠能主持曹溪，在这里弘扬发展了禅宗，所以南华寺是禅宗的主要"祖庭"。南华寺几次易名，唐中宗神龙元年（705年）改名为"中兴寺"；神龙三年（707年），又改为"法泉寺"。宋开宝元年（968年），宋太祖赵匡胤赐名"南华禅寺"，沿用至今。寺院建筑屡经修葺，保存完好。

南华寺建筑面积12000多平方米，山门坐北朝南，寺内殿堂布局严谨，依山势而建，层叠起伏、错落有致。主要建筑有五香亭、天王宝殿、大雄宝殿、藏经阁、灵照塔、六祖殿等，由南至北排列在同一中轴线上，结构严密，主次分明。

山门内宽阔的院落，绿草如茵，古树葱茏。八角攒尖顶的五香亭建在放生桥上，穿小桥即可望见南华寺第二道山门，门楣上悬接着"宝林道场"四个大字的匾额。门两旁有"东粤第一宝刹"、"禅宗不二法门"的对联，充

中国的寺院

分显示出南华寺自唐代以来，便是我国佛教禅宗南宗主要道场的特殊地位。

天王宝殿建于寺院的第二道门内，此殿建于明成化十年（1474年），清代重修，原为罗汉楼，后改为天王宝殿。殿内正面供奉弥勒佛像，背面塑韦驮像，两侧分列神态威武而性格迥异的四大天王像。天王宝殿后面的院中，东西两侧分别为钟楼、鼓楼。钟楼建于元代大德五年（1301年），明清两代及1933年重修。楼分三层，歇山顶，檐角挑起，格子门窗，顶层挂着宋代铸造的万斤大铜钟，铜钟的声音洪亮，击则传闻数里。鼓楼与钟楼相对，结构相同。

全寺中心建筑大雄宝殿坐落在北面丹墀上。大雄宝殿又名三宝殿。大殿前有月台，四周建有回廊，重檐歇山顶，飞檐饰坐狮，顶用双鱼鸱吻，门窗采用格子式。这座大殿的宏伟程度，在广东的寺庙建筑中可算首屈一指。殿内正面塑三宝大佛像，即释迦牟尼佛、药师佛、阿弥陀佛。在大殿里，三尊贴金大佛高达8.31米，四壁罗汉彩塑多达500多个，这些都是我国少有的艺术珍品。从大雄宝殿后面拾级而上，可见单檐歇山顶的藏经阁。阁分两层，四周辟廊，内藏经卷多为历代帝王所赐，十分珍贵。

> **知识链接**
>
> 南华寺位于广东省韶关市约22千米的南华山，山上峰峦叠翠，古木参天，环境清幽，是广东六大名寺之一，也是中国最著名的寺院之一。这里是我国佛教禅宗六祖慧能接受传承衣钵、创立并发展禅宗的地方，被誉为粤东第一名刹。2001年，作为明清时期的古建筑，南华寺被国务院列为全国重点文物保护单位。

南华寺最珍贵的文物，是被称作镇山之宝的六祖真身像。六祖真身像供奉在六祖殿内。坐像通高80厘米，六祖结跏趺坐，腿足盘结在袈裟内，双手叠置腹前作入定状。头部端正，面向前方，双目闭合，面形清瘦，嘴唇稍厚，颧骨较高。据说这是以经过处理的六祖肉身为基础，由六祖的弟子方辩用夹纻漆塑的方法塑制成的。慧能是唐代高僧，生于唐贞观十二年（638年），唐开元元年（713年）圆寂。他是佛教禅宗的南宗开创者，也是禅宗第六祖。传说他原是不识字的樵夫，听人诵《金刚般若经》，发愿学佛，投禅宗第五祖弘忍门下。曾以"菩提本无树，明镜亦非台，本来无一物，何处惹尘埃？"作一偈，表示出他对佛理的体会，弘忍便将禅法秘授予他，并付与法衣。后来他在韶州（今广东韶关市）曹溪大倡顿悟法门，宣传"见性成佛"，一般称为南宗，传承很广，成为禅宗的正系。他死后，弟子们所编集的语录称为《六祖坛经》。

此外，南华寺还保存了许多珍贵的历史文物：寺内木雕五百罗汉造像是我国现存唯一的宋代木雕五百罗汉群像；几株高达数十米的古老水松，是现在世界上稀有的树木；千佛袈裟是罕见的唐代传世刺绣。千佛袈裟绢底呈杏黄色，上面绣有一千个佛像，佛像全部为结跏趺坐式，手分有入定、接引、说法、合掌等，口、鼻、眼和发髻清晰分明。用金线绣出形象，然后以蓝色、浅蓝色、朱红色、黄色丝线陪衬，再绣蓝色背光。四周是十二条形象生动的蛟龙。

南华寺在我国的佛教史上占有重要的地位。宋代大文学家苏轼在写给友人的一首诗中曾表达了如此深挚的向往之情："水香知是曹溪口，眼净同盾古佛衣，不向南华结香火，此身何处是真依？"文天祥也写下过《望南华》这样真挚动人的诗篇："北行近千里，迷复忘西东。行行至南华，匆匆如梦中。佛化知几尘，患乃与我同。有形终归灭，不灭惟真空。笑看曹溪水，门前坐松风。"南华寺以其古老的历史和珍贵的文物，不断吸引着来自社会各界人士慕名观光游览。

广州光孝寺

广州光孝寺是羊城年代最古、规模最大的佛教名刹。光孝寺坐落于光孝路，是广州市四大丛林。

该寺最初是南越王赵佗（220—265年）第三代孙赵建德的住宅。三国时吴国都尉虞翻因忠谏吴王被贬广州，住在此地，并在此扩建住宅讲学。虞翻死后，家人把住宅改为庙宇，命名"制止"。东晋时期，西域名僧昙摩耶舍来广州弘法时，在此建了大雄宝殿。唐宋时期，该寺改为"报恩广教寺"。南宋绍兴二十一年（1151年）改名光孝寺。此名一直沿用至今。

光孝寺在中国佛史上具有重要地位，是岭南年代最古、规模最大的古刹，是中印佛教文化交流的策源地之一。自创寺以来，常有中外高僧到寺中驻寺传教弘法。东晋时期三藏法师昙摩耶舍来寺扩建大殿并翻译佛经，宋文帝元嘉年间，印度高僧求罗跋陀那在寺中创建戒坛传授戒法。

光孝寺建筑规模雄伟，为岭南丛林之冠。它不仅在佛教历史上占有重要的位置，并且开创了华南建筑史上独有的风格和流派。原有十一殿、六堂、三楼，由于历史变迁，寺院几遭破坏，至今光孝寺有山门、天王殿、大雄宝殿、钟鼓楼、伽蓝殿、六祖殿、睡佛楼、洗钵泉、东西铁塔、大悲幢、瘗发塔等建筑与历代碑记文物。

建筑群中以大雄宝殿最为雄伟，东晋时期创建，唐代重修，保持了唐宋的建筑艺术。殿内采用中间粗、上下略细的梭形柱，大殿下檐斗拱都是一跳两昂的重拱六铺作，这种风格是中国著名古建筑中所仅见的。六祖殿是北宋祥符元年创建的，内供六祖慧能大师坐像。六祖殿前有古菩提树，为印度高僧智药三藏种植，"光孝菩提"为羊城八景之一。

瘗（音亦）发塔高7.8米，呈八角形，七层，每层有八个神龛。唐高宗仪凤元年（676年），六祖慧能在菩提树下剃发为僧后，当时的住持法师印宗把慧能的头发埋在这里，后建塔以资纪念。

▲光孝寺西铁塔

寺内至今仍存有中国最古老、最大而且最完整的铁塔。东西铁塔是中国现存最古老的两座铁塔。其中西铁塔建于五代南汉大宝六年（963年），比东铁塔早建4年，有很高的艺术价值。抗战期间因房屋倒塌，压垮了四层，现仅存三层。东塔铸于五代南汉大宝十年（967年），四方形，共七层，塔高7.69

米，塔基为石刻须弥座。塔身上铸有900余个佛龛，每龛都有小佛像，工艺精致。初成时全身贴金，有"涂金千佛塔"之称。

在古代，光孝寺是外国僧人来华传法，或经此前往内地的基地。印度僧人达摩，就是从这里到少林寺去的。可见，光孝寺在中外文化交流和我国佛教的发展史上均占有重要的一席。

仁心寺

古城海口，人杰地灵。在海口市海甸溪西北岸，有一座历史悠久的古寺院——仁心寺。这座千年古寺，虽历经沧海桑田，经过数次浩劫，但在信众的心中，她是一座耸立在莲花宝地上永盛不衰的古刹。

这座古老的寺庙有着悠久的历史和美丽的传说。相传，仁心寺遗址原是达摩落脚讲经之地。在汉代之前，海口市区仍是一片汪洋，自秦汉以来，中原汉人纷纷移民南渡来琼。到南朝时期，大兴佛教。天竺圣僧达摩于梁武帝年间自印度航海到达广州，踏一根芦苇渡黄河北上北魏，在河南嵩山少林寺面壁十年修禅，开创了中国佛教的禅宗。当年达摩渡海北上的航行正是悄然兴起的海上丝绸之路。作为南渡江出海口外港湾的海甸河两岸，成为当时海上丝绸之路的中途停泊港。相传当年达摩立于莲花宝座上远渡重洋，曾经在海甸河两岸上落脚，并为当地信众讲经说法。突然，恰好遭遇台风，狂浪蔽日，周围的沙洲都被淹没，唯独达摩说法的地方却像一艘稳坐在海上的大船，水涨船高、安然无恙，令人称奇。当时听法信众见达摩毫无惧色，面带笑容，镇静自若，知遇圣人活佛，无不顶礼跪拜，并异口同声请求达摩祖师留下来领导群众兴建佛寺弘扬佛法。达摩言道："贫僧不辞万里远渡重洋，要到中原去弘扬佛法，普度众生。本岛乃南海首善之地，是观音大士道场，日后不久自有贵人来此建寺。"言毕，从

> **知识链接**
>
> 仁心寺是佛教经海上丝绸之路传入中国的第一站，整个建筑采用长方形平面布局，对称分布。纵向轴线南北朝向，依次为寺庙主殿、山门殿、天王殿、大雄宝殿、法堂及藏经阁，左右为各次要建筑：罗汉堂、观音殿、钟楼、鼓楼、经堂、方丈楼、僧房、斋堂、云水堂、茶堂。共三重四合院，主要建筑物之间有回廊连接。

袖中取出一粒天竺莲子抛进水塘中,霎时,只见水波开处,长出一株莲花。如此共有十三朵莲花重叠开在一株茎上。不多时,在最高一朵莲花上显现出一尊四面观音像。达摩率众跪拜欢呼。不久,观音像隐去。当晚,风平浪静,达摩辞行,群众依依不舍,挥手送别。临别时达摩口占一偈云:

天竺僧自天竺来,莲花宝地莲开。

南海观音临海甸,千五百年花再开。

达摩祖师安坐于莲花宝座之上,渡海北去。达摩去后,海甸岛上不仅水塘中莲花盛开,土地上也长起了葱郁茂密的树木,远远望去,宛如一朵青莲浮于海上。每当风起浪涌,海上船只都朝这朵青莲靠拢,聚集在它周围,成为安全的避险之地。从此,附近船民便开始自发地在这里设坛朝拜。每当船民进出海港,都在这里设香案敬拜祈祷,祈求平安。他们心目中的神便是观音大士和达摩祖师。为了铭记达摩的说法和观音显灵的灵异现象,当地群众将这块达摩讲经传法、宛如海上莲花的沙洲地称之为"莲花宝地"。

▲南华寺

现今的仁心寺,历经人世变故,几毁几建,但有关仁心寺的传说,却深深植在人民群众心中。

云南规模最大的寺院——华亭寺

华亭寺又名靖国云栖禅寺，位于云南省昆明市西山华亭山腰，是云南规模最大的佛寺，也是汉族地区佛教全国重点寺院之一。

华亭寺依山势坐西向东，占地十八亩，平面布局呈矩形，殿宇共分三层，规模宏伟，布局谨严，左倚卧佛、太华山峰，右傍玉案、碧峣诸岫，前对滇池。

华亭寺的山门是一门窗镂空雕花的楼台，这是虚云和尚主持建造的三层钟楼，楼上悬有"幽钟"一口，晨昏午夜撞动，清澈的钟声在山间回荡，使人有"披寻得古寺，小坐收众清"之感。寺庙大钟作用有三：一是报告作息时间；二是指引山中野路上的人不致迷路；三是提醒僧人勤习佛法。当地老人说，建钟楼之时，凡是听得到钟声的地方都属华亭寺管辖。

寺内现存有天王殿、大雄宝殿、观音楼、撞钟楼、雨花台、放生池等古建筑。

天王殿坐西朝东，巍峨雄壮。殿上高悬一匾，上书"海不扬波"，意思是到了这里就等于是进入了佛国圣地，此处佛光普照，佛法弘扬，一切红尘是非、惊涛骇浪、艰难险阻都不复存在。在殿前台阶两旁均有石雕，左蹲青狮，右伏白象。这是佛教祥瑞征兆，即"青狮献瑞，白象呈祥"。据佛经记载，当初释迦牟尼降生时，天上乐声齐鸣，众花飘坠，一片光明。佛祖落地后，不扶即行，向东南西北各走七步，地下随足迹涌出朵朵莲花，天空有二龙踊出，口喷清泉，为佛祖沐浴；佛祖哭声如同狮吼，一手指天，一手指地，曰："天上地下，唯我独尊。"白象在佛教诞生地被视为圣物，白象力大无穷，行为稳重，在这里它们象征着佛教威严和庄重。天王殿两侧塑有四大天王和金身弥勒佛像，生动传神。天王殿大门口，挂有一幅明代谪居云南的四川新都状元杨慎写的名联"一水抱城西，烟霭有无，柱杖僧归苍茫外；群峰朝阁下，雨晴浓淡，倚栏人在画图中"。天王殿中供奉的是大肚弥勒菩萨，只见他袒胸露腹，手捻串珠，一团和气开口大笑。在天王殿弥勒佛神龛处，悬有清代书画家钱沣所撰的楹联："青山之高，绿水之长，岂必佛方开口笑；徐行不困，稳地不跌，无妨人自纵心游。"弥勒之后为韦驮菩萨，执金刚杵，披连环甲，威风凛凛，叱咤风云。

大雄宝殿是西山园林建筑中最大的殿宇。飞檐翘角、琉璃碧瓦，映日漾光，屋背饰以鱼、兽、鸟等动物造型，殿顶中央为葫芦宝顶。大殿前檐悬挂"清净壮严"、"山高海深"等匾额。殿内幡幔叠垂，宝盖生辉。正中神龛上供奉着五尊金光闪闪的佛像，均高丈余。中间为佛祖释迦牟尼，左右分别为药师佛和阿弥陀佛及迦叶、阿难两位尊者。佛像仪态端庄、安详，背衬以金光轮。神龛背面塑有观音塑像及二十四天神像。殿内两侧面塑有层层叠叠的五百罗汉，置于专门的罗汉堂中，而华亭寺却将五百罗汉直接安奉于大雄宝殿之内，其含意耐人寻味。众罗汉的容貌、表情、神态各异，栩栩如生，呼之欲出。

此外，寺内现有僧舍利塔十三座，最著名者为"虚云舍利塔"；寺内还供奉僧舍利子一粒；另有明、清以来碑刻十块，珍藏乾隆皇帝御赐《龙藏》一部。这些都是华亭寺极为珍贵的文物。

> **知识链接**
>
> 华亭这个名称，最早可以追溯到大理国时代。早在900年前云南大理国政权时期，都阐侯高智升就在山上建造楼台别墅，作为高氏家族休憩的场所。据《启建大圆觉寺碑》记载，高智升后代高政、高贤到此游玩，恰遇山中奇花芬芳，青草依依，云彩绚烂犹如华盖，放辉煌之瑞光，更有仙鹤鸣叫。二人借祥瑞之兆将此山命名为华亭山，取"华表鹤归"之意。在元朝延祐七年（1320年）雄辩法师高足元峰和尚来此创建圆觉寺，并苦心经营20多年，将圆觉寺建成一座规模庞大的寺院。明朝天顺六年（1462年）英宗皇帝赐为华亭寺。明清两代几次重修。1920年，唐继尧请虚云大师到此，主持超度靖国诸役阵亡将士灵魂的大法会，事后又请其主持并扩修该寺。扩修工程浩大，持续6年之久，并更名为"靖国云栖禅寺"，成为云南省最大的一座禅宗十方丛林，常住僧五十人以上。但人们仍然习惯于叫它"华亭寺"。

四 神秘的西藏寺院

扎什伦布寺

扎什伦布寺建于明正统十二年（1447年），由宗喀巴弟子根敦珠巴，也就是第一世达赖喇嘛，为了纪念他的经师喜饶僧格而建的，前后共花费了十二年的时间。后来四世班禅罗桑确吉坚赞对寺院加以扩建。四世班禅是第一个被清朝政府册封的班禅喇嘛，从此扎什伦布也就成了历代班禅喇嘛的驻锡之地。历代班禅对扎什伦布寺均有扩建，僧人最多时达4000余人。

扎什伦布寺坐西南偏东，寺院占地185300平方米，建筑面积30万平方米，寺内有经堂57间，房屋3600间，整个建筑布局疏密均衡，和谐对称。

大经堂是寺内最早的建筑。大经堂前，有一个600多平方米的讲经场，是班禅对全寺僧人讲经及僧人辩经的场所。讲经场四壁有石凿而成穴居于洞壁的佛教祖师，四大天王、十八罗汉和形态各异的一千尊佛像、八十位佛教高僧及各种飞天仙女、菩萨。大经堂面宽9间，进深7间，有48根柱子，可容3000余人，是全寺法事活动的重要场所，设有班禅讲经时用的宝座。殿北净室内有为纪念喜饶僧格塑造的释迦牟尼像，像前正中供宗喀巴师徒三尊像，其两翼有八大弟子。净室两侧为弥勒佛殿，建于明天顺五年（1461年），所供弥勒像高约11米，佛像面部形态慈善和蔼，端庄娴静，由尼泊尔工匠与藏族工匠共同完成。两旁为观世音和文殊菩萨塑像，相传是第一世达赖喇嘛根敦珠巴亲手塑造的。净室东侧为度母殿，里面安放着高2米的白度母铜像，两旁是泥塑的绿度母像。殿西部为护法神殿，有大威德、六臂依怙、白衣怙及吉祥天女四尊泥塑像。

汉佛堂在藏语中叫甲纳拉康佛堂，这是四世班禅为了密切与清廷的关系专门建造的，殿内有专门

> **知识链接**
>
> 西藏，是一个圣洁的地方。那里不仅有圣洁的雪山，还有中国宗教气息最为浓厚的寺院。扎什伦布寺属于中国藏传佛教的格鲁派寺院，是历代班禅额尔德尼的驻地，在藏传佛教教徒心中具有崇高的地位。"扎什伦布"在藏语中是"吉祥须弥"的意思。该寺位于日喀则城西北的尼日山下南坡上，依山面水，楼宇敞丽，威严壮观，寺内保存的唐代青铜佛像、世界上最为高大的弥勒佛铜像及一世达赖和历代班禅的灵塔，都是寺院最为珍贵的文物。

▲扎什伦布寺

的一个房间供祀乾隆皇帝的画像,像前还有一块"道光皇帝万岁万岁万万岁"的碑位,以表示对清廷的臣服和敬意。这在西藏其他寺院中并不多见。堂内,有唐代铸造的青铜佛像九尊,相传是文成公主进藏时所带的;有元朝时期的一尊骑在野猪上面的赤身女度母铜像。此外,在汉佛堂内还有陈列厅,陈列有清代皇帝及民国政府赠给历世班禅的厚礼,以及册封的金册、金印、玉册、玉印及隋唐古佛、永乐古磁、贝叶经卷、元明织锦等大量古稀之物等。

高达30米的强巴佛殿位于寺院的西侧,是由第九世班禅额尔德尼曲吉尼玛主持修建的。殿堂高30米,殿中分层,有楼梯可通。底层为长方形,建筑面积为862平方米。该殿从上到下,依次分为莲花座殿、腰部殿、胸部殿、面部殿及冠部殿等5层,经木梯拾级而上。殿内最引人注目的是一尊强巴佛铜像。强巴佛是汉地佛教的弥勒佛。据记载,铸造这尊佛像,用去黄金6700两,黄铜115 875千克,仅镶嵌佛眉间白毫就用去直径3厘米的特大钻石1颗,直径1厘米的钻石32颗,大珍珠300余颗,琥珀、珊瑚、松耳石等1 400余颗,这是国内外最高大的铜佛。此外，强巴佛所披佛衣袈裟，是用3 100多米的绸缎、26斤的丝线织成的，为世界上最大的袈裟，这一巨大的工艺品誉满全球，是藏族人民智慧的结晶，也是世界文物宝库的精华之一。

▲扎什伦布寺大经堂

灵塔殿是扎什伦布寺的一座神圣殿堂。寺内曾建有第四至第九世班禅灵塔和灵塔祀殿。其中，四世班禅喇嘛的灵塔最为高大：殿内灵塔高11米，其形制与达赖喇嘛灵塔同，唯塔身以银包裹，另镶珠宝。花费黄金多达135千克，白银3.30万两，铜3.90万千克，绸缎3 000多米。此外，还有珊瑚、珍珠、玛瑙、松耳石等共7 000多颗，雕塑豪华，造型生动，殿顶镏金。

扎什伦布寺的脱桑林、夏孜、吉康和阿巴等四大扎仓，即经学院，是僧众们学习显宗和密宗的地方。在寺中，还有元代留下的织品，明代留下的古瓷器，鲜艳夺目、难以数计的壁画和唐卡，以及古代的金、银、铜佛像、法器和供器，这些都是寺院极为珍贵的文物。

青海藏传佛教第一大寺院——塔尔寺

塔尔寺在藏语称为"衮本贤巴林"，意思是"十万狮子吼佛像的弥勒寺"。据记载，1357年，格鲁派创始人宗喀巴在这里诞生。传说他诞生以后，从剪脐带滴血的地方长出一株白旃檀树，树上十万片叶子，每片上自然显现出一尊狮子吼佛像（释迦牟尼身像的一种）。宗喀巴17岁经昌都到西藏拉萨等地访师学法，在各大禅林刻苦研习，潜心修炼。后来他根据11世纪的孟加拉僧人阿底峡在藏传布佛教的教义，改革而创立了格鲁派。这个派别的教规严格，并崇尚苦行，禁止喇嘛饮酒娶妻，固定活佛转世制度，得到明王朝的赞许，因而逐渐壮大。由于宗喀巴和他的弟子头戴黄帽，身穿黄色袈裟以区别于其他各派，所以又被称为黄教。宗喀巴佛学造诣高深，写下了《菩提道次论》、《密宗道次论》等经典佛学著作。宗喀巴圆寂后，他的弟子继承了法位。为了纪念宗喀巴，明嘉靖三十九年（1560年），人们在莲聚宝塔的旁边，建寺一座。由于塔寺并存，并且是先建塔，后修寺，所以将它取名为塔尔寺。清代不断进行增修与扩建，逐渐形成了现在所见的气势宏伟、富丽堂皇、汉藏艺术结合的建筑群。

▲塔尔寺的酥油花

塔尔寺现存总建筑9 300余间，占地400 000平方米，殿堂25座，分布于莲花山的一沟两面坡上，殿宇高低错落，交相辉映，气势壮观。这些建筑形成了错落有致、布局严谨、风格独特、集汉藏技术于一体的宏伟建筑群。

大金瓦殿是塔尔寺的主体建筑，藏语称为"赛而顿"，始建于明嘉靖年间，面积456平方米，下为藏式"须弥座"，上为重檐歇山鎏金瓦顶，回廊周匝。底层前出附阶，为信徒礼拜场所。檐口饰鎏金云头挂板，正脊安装鎏金宝瓶及火焰宝珠等。殿内供奉的银壳神变大银塔，是佛教界的圣物。塔座为纯银制造，塔身外镶黄金和各种珍珠宝石，光彩夺目。塔身中部的神龛内，供奉着一尊宗喀巴的药泥佛像。塔顶饰日、月、莲花。相传宗喀巴长大后离乡到外地专心弘扬佛法，年久未归。他的母亲日夜思念儿子，托人捎去一信，还附了一绺白发。但宗喀巴还是没有回去，只回了信，并奉上了一张自画像和一尊狮子吼佛像。信中告诉母亲，如果想念儿

> **知识链接** ✓
>
> 塔尔寺又名塔儿寺，坐落于青海省湟中县鲁沙尔镇的西南，离省会西宁市约25千米。它是藏传佛教（俗称喇嘛教）格鲁派六大丛林之一，也是格鲁派创始人宗喀巴的诞生地。塔尔寺以酥油花、壁画和堆绣闻名于世，号称"塔尔寺三绝"。

▲塔尔寺建筑群

子,就在生他的地方建一座塔,供奉佛像,在旁边栽上菩提树。其母怀着爱子之心,经过一番努力,终于在明洪武十一年(1378年)原生长菩提树的地方建了一座小塔,后人又在小塔的基础上建起了大银塔,在其基础上逐步形成了塔尔寺。大银塔是我国现存贵重金属喇嘛塔中较大的一座。大金瓦殿内悬挂着清朝乾隆皇帝赐的"梵教法幢"匾额,还珍藏有数百卷藏、蒙经文和大藏经。

大经堂位于大金瓦殿之前,始建于明万历三十四年(1606年),毁于火,1917年重建。土木结构,为藏式双层平顶建筑,与汉式楼阁遥相呼应。经堂面阔13间,进深11间,由168根立柱支持,面积1981平方米,是全寺喇嘛礼佛、诵经的地方。殿内四壁的佛龛中,供有宗喀巴的镏金铜像上千尊,堂内四壁存放着数百册经卷。大经堂下设有参尼扎仓(显宗学院)、居巴扎仓(密宗学院)、丁拜扎仓(时轮学院)和曼巴扎仓(医学院),这四大扎仓也是喇嘛诵经和聚会的礼堂。

小金瓦殿又名为护法神殿,在藏语称"旃康"。初建于明朝崇祯四年

（1631年），殿分上下3层，底层和中层面阔7间，进深5间。院内两侧和前方有绘满各式壁画的壁画廊，为两层藏式建筑。殿中回廊陈设野牛、羊、熊、猴等标本。据说，这些走兽标本象征一切恶魔鬼怪已被神征服。殿的左边有一匹白马标本，相传是三世达赖喇嘛从西藏拉萨到青海塔尔寺骑的。三世达赖喇嘛朝拜塔尔寺之后，要去蒙古传经说道，这匹白马怎么也不肯走，于是便留下来。不久，马不食而死。后人把它当神马，和家神陈列供奉。

八大如来宝塔，位于山门内的广场上。这八座宝塔是为了纪念释迦牟尼的八相功绩：一为莲花塔，纪念释迦牟尼初生时行七步，每步生莲花之意；二为四谛塔，纪念释迦牟尼初转法轮，讲授四谛要义；三为和平塔，纪念释迦牟尼劝息僧众争论；四为菩萨塔，纪念释迦牟尼修行成正觉；五为神变塔，纪念释迦牟尼降伏外道的各种奇迹；六为降凡塔，纪念释迦牟尼重返人间超度众生之说；七为胜利塔，纪念释迦牟尼战胜一切妖魔鬼怪；八为涅槃塔，纪念释迦牟尼圆寂。在中国古塔中采用雕刻、绘画等形式表现释迦牟尼自降生到圆寂的八件大事的很多，而直接采用塔来反映"释迦八相"的却很少。印度曾有建八塔作为纪念的，但塔都分散各地，相距甚远。塔尔寺的如意宝塔却将代表释迦牟尼八件大事的八座宝塔集中排列在一起，实为塔尔寺的一大创举。

▲塔尔寺堆绣

塔尔寺的壁画多以宗教故事和神话传说为题材，有着浓郁的生活气息和迷人的魅力。壁画多以矿物颜料画在布幔上，内容主要为经变、时轮、佛等。堆绣是用各色绸缎、羊皮、棉花等在布幔上堆绣成佛、菩萨、天王、罗汉、尊者、花卉、鸟兽等图案。壁画、堆绣、酥油花被称作塔尔寺三绝。

"展佛节"是塔尔寺的一大重要活动，又叫晒大佛或晒大唐卡。"展佛"也就是请出放置一年的巨大佛像在露天展示，一方面从保护的角度，防霉变和虫咬，更重要的是寺庙僧人和信教群众对佛祖朝拜供养的一种特殊方式。佛像实际是一种特制的大唐卡，它是一种卷轴画中极其稀少的珍品。展佛之日，当东方第一缕曙光照射到大地之时即为佛像展开的最佳时辰，所以展佛又称晒佛。这在每年农历四、六月两次法会时举行，届时将三四十米长的大佛图像高置在山坡上，参观者可达数万人，真是一大盛会。

塔尔寺以其壮丽的古建筑群、艺术水平高超的壁画、堆绣、酥油花三绝、美丽动人的神话故事和宗教传说以及每年举行的大小法会吸引着无数佛教徒前来顶礼膜拜，以及成千上万的国内外旅游者前来观光。塔尔寺是我国雪域高原上的一大奇迹，是青藏地区珍贵的文化遗产。

▲塔尔寺八大如来宝塔

拉萨甘丹寺

甘丹寺始建于明永乐七年（1409年），黄教创始人宗喀巴在藏地推行宗教改革，甘丹寺便是他亲自建立的格鲁派第一座寺院。宗喀巴的法座继承人、历世格鲁派教主甘丹赤巴都居于此寺。清朝时，清世宗赐名永寿寺，后经不断增修、扩建，使寺院拥有五十多组单元建筑。殿堂僧舍覆盖全山，远看状似山城，其规模相当于三个布达拉宫。

甘丹寺由五十多座建筑组成，主要有大殿、扎仓、康村、米村及佛堂僧舍。

措钦大殿意为大经堂，即大雄宝殿，是甘丹寺的主要建筑，也是甘丹寺最大的一座建筑物，建于公元1409年，宽43.8米，深44.7米，有大柱108根，可容纳3 300名僧人同时诵经。措钦大殿最初为三层大殿，大约在1720年加盖了金顶，1749年进行了扩建，逐步形成了现在的规模。殿内主供的是未来佛强巴佛,后增供宗喀巴等鎏金铜佛。殿中设有五只金色狮子承抬的法座,名为"甘丹拾赤",也就是由宗喀巴创建黄教后的法座。殿后左侧有一小殿,门额上有一组"兜率天"的影塑,塑造技艺极其精细逼真。小殿内有宗喀巴静坐的禅床及纯金汁书写的全套《甘珠尔》和《丹珠尔》藏文大藏经。殿内的设置、供器、装饰等物均系明代文物。大殿中有一根大柱很奇特,它离开地面有一掌厚的距离,到甘丹寺朝佛的人都要摸一摸柱底,以祈祷吉祥。

宗喀巴寝殿即"赤妥康",是宗喀巴和历任甘丹赤巴生前起居、修习密法之所,建于1409年,1720年进行了扩建,第七世达赖时期加盖了金顶。殿内主供文殊菩萨、尊胜佛母和大白伞盖佛母等鎏金铜像。殿内还设有黄教修习密法的本尊坛城,即桑旺夺巴(密集金刚)、顿曲(大乐金刚)、继吉(大威德金刚)、多吉恰(金刚手佛)等四个"金科"(即坛城,又名极乐世界),并有宗喀巴生前用过的袈裟、坐垫、印章等。由于殿内保存有宗喀巴及历任甘丹赤巴用过的衣物,因此也称"存衣殿"。

措钦大殿的左侧为护法神殿,又叫"羊八犍",里面保存有清乾隆皇帝于1757年赐给甘丹寺的盔甲,这套盔甲上面嵌有金银珠宝及汉、满、蒙、藏

▲甘丹寺

▲甘丹寺宗喀巴大师像

四种文字组成的图案。此外，这里还保存有明代皇帝赠送的具有唐代风格的十六罗汉、四大天王绣像。

羊八犍经院的最高层为宗喀巴灵塔祀殿，高三层，面积达360平方米。1419年10月25日宗喀巴在赤妥康圆寂，1420年他的弟子达玛仁钦等修建了这座祀殿，并用900两白银在殿内建银塔1座，保存宗喀巴的肉身遗骸。灵塔初为银皮包裹，后于第十任甘丹赤巴根敦平措时，据说得洛桑丹增以青海地区所属的一年税收变为黄金全部包裹于塔身，并饰以名贵珠宝，成为一座极其富丽的金塔。1921年，第十三世达赖土登嘉措对塔殿加以修葺，其外表更为华丽。灵塔左右还供有江央藏蝦等祖师塔七座。宗喀巴的灵塔外罩有蒙古包状的檀香木帐幕，帐内有帘幔，塔顶覆以伞盖，十分华美。此后，每任甘丹赤巴圆寂后都在这个殿内修建灵塔，到新中国成立前夕，这里已修建了灵塔95座。

甘丹寺内分两大扎仓，即绛孜扎仓和夏孜扎仓。绛孜扎仓，意为"北顶僧院"，是第二任甘丹赤巴克主杰的寝殿，也是他日常起居静修之所，系宗喀巴亲传弟子霍尔顿·朗嘎白哇兴建。经堂有柱84根，面积达930平方米，可容1 500名僧人诵经。扎仓内主供释迦牟尼给弟子们说法像和吉祥天女护法神像，还有克主杰亲手塑的密集金刚坛城及主要本尊大威德怖畏金刚单身像。夏孜扎仓意为"东顶僧院"，是宗喀巴亲传弟子夏尔巴·仁钦坚赞所建。经堂有柱88根，面积近1 000平方米，可容1 500名喇嘛同时诵经。两扎仓的教、学经论为宗喀巴三师徒的论著。

此外，甘丹寺中还有国家特级文物、纯金汁书写而成的藏文《大藏经》中的整套《甘珠尔》佛经，由十六罗汉和四大天王等组成的整套二十四幅的缂丝唐卡"唐绣"，这些文物都展示出明清两代中央政府和西藏地方之间的亲密关系。其中二十四幅要展示三周，形成了该寺一年一度规模盛大的"甘丹绣唐节"。

> **知识链接**
>
> 甘丹寺位于拉萨达孜县境内拉萨河南岸海拔3 800米的旺波日山上，距拉萨市区57千米。甘丹是藏语音译，其意为"兜率天"，这是未来佛弥勒所教化的世界。这是藏传佛教格鲁派创始人宗喀巴在拉萨修建的第一座寺庙，可以说是格鲁派的祖寺。甘丹寺与哲蚌寺、色拉寺合称拉萨"三大寺"，清世宗曾赐名为永寿寺。寺内保存着宗喀巴生前的法座、圆寂后安置肉身的灵塔，以及许多明代以来的文物和工艺品等。

全世界最大的寺院——拉萨哲蚌寺

哲蚌寺始建于明永乐十四年（1416年），主持修建者是黄教创始人宗喀巴的弟子扎西班丹。初建的哲蚌寺规模很小，只有十几平方米的小殿堂和七个僧人。17世纪上半叶，五世达赖扩建了该寺，逐渐发展成七个扎仓。以后经过不断维修、扩建，规模日益宏大，殿堂更为雄伟。

哲蚌寺规模宏大，寺院占地面积约25万平方米。现存的主要建筑有措钦大殿、四大扎仓、甘丹颇章及50个康村。这些建筑多以白色为主调，远看好像米堆一样，积米寺的名称由此而来。

措钦大殿位于哲蚌寺的中心，相当于汉地寺院的大雄宝殿，占地4 500多平方米。大殿内的经堂规模宏大，装饰华丽，五光十色。经堂内有190多根柱子，可容纳7000~10000名喇嘛，是全寺僧人集中诵经和举行仪式的场所。大殿供奉的主佛是大白伞盖佛母像和无量胜佛9岁身量像。后殿正中供有一尊二层楼高的鎏金"弥旺强巴佛";左边配殿是三世佛殿,供有过去佛燃灯、现在佛释迦牟尼、未来佛强巴三尊佛像;右边配殿内供有各种佛经。佛殿回廊的出口处有一方清朝同治皇帝的御笔匾额,上书"输成向化"。大殿西侧的"龙崩康"是灵塔殿,其中三座银塔格外引人注目,中间一座即二世达赖喇嘛的灵塔,左右两塔为哲蚌寺的祖师塔。大殿三楼的祖师殿有藏经阁和强巴通真佛殿,供奉着强巴8岁铜像,铜像上的法螺据传是释迦牟尼的遗物,为镇寺法宝。在大殿四壁,绘有许多精彩壁画,有释迦牟尼的百行转图、人间形成图、生死轮回图等。

> **知识链接**
>
> 拉萨城向西10千米,在路北山坳之内,密密层层、重重叠叠,布满了白色建筑群体,宛如一座美丽洁白的山城,这就是举世闻名的藏传佛教格鲁派六大寺院之一的哲蚌寺。哲蚌寺,藏语中又叫"积米寺",意为"雪白的大米高高堆聚",既有宗教色彩,又是颇为形象的。哲蚌寺是藏传佛教格鲁派六大寺庙中最大的寺院,也是全世界最大的寺院。

扎仓是格鲁派寺院的学经单位,也是措钦以下的管理机构。哲蚌寺建成初期有七个扎仓,分别由绛央曲结的七大弟子主持,后来各地来寺的僧人不断增多,根据他们的学经内容和籍贯合并成现在的罗赛林、郭芒、德阳和阿巴四大扎仓。其中

▲哲蚌寺雪顿节晒大佛

洛色林扎仓的规模最大,主经堂由108根圆柱组成,面积1 100多平方米,可容纳5 000名僧人同时诵经。

甘丹颇章是座精美而坚固的藏式建筑,是达赖喇嘛在哲蚌寺的寝宫,主楼高达三层,楼顶"各扎岗"有个神女殿,供奉的女神叫唐巴·卡吉布芝,本来是寺院下面唐坝村的民女,很美丽。后来用她的肉身制成这尊神女像。关于"唐巴·卡吉布芝"的故事,在西藏广泛流传,拉萨四十岁以上的人,

几乎没有人不知道。石头台阶下，还有幅壁画，是神女玛索玛，也是五世达赖阿旺罗桑喜措的护法女神。

哲蚌寺的法事非常多，其中最著名、场面最大的要算"哲蚌雪顿"了。"雪顿"藏语意为"酸奶宴"，原先是一种纯宗教活动。按照佛教的法规戒律，夏天有几十天禁止僧人出门，直到解禁为止。在开禁之日，世俗百姓以酸奶施舍。后来"雪顿"的内容更加丰富，宗教活动和文娱活动相结合，规模不断扩大。藏历六月三十日"雪顿节"当天，先是以哲蚌寺为中心，清晨展览巨幅佛像唐卡画，接着举行藏戏会演，这种宗教活动现在变成了僧俗同乐的节日。

哲蚌寺内还保存着据说是释迦牟尼佛留下的圣物白海螺和经宗喀巴开光的弥勒佛像以及塑像壁画等。此外，哲蚌寺还收藏有数以万计的文物古籍，包括经典《甘珠尔》和佛经注疏《甘珠尔》各100多部，及宗喀巴三师徒等著述的几百部佛教经典手抄本。所有这些都是藏族人民勤劳智慧的结晶，对于研究西藏历史、宗教、艺术等学科，具有十分重要的价值。

▲拉萨哲蚌寺错钦大殿

拉萨色拉寺

▲拉萨色拉寺

　　色拉寺始建于明代永乐十七年（1419年），由格鲁派始祖宗喀巴的弟子绛钦却杰建立。关于色拉寺名字的来源，在当地，有这样两种说法：一种说法认为该寺在奠基兴建时下了一场较猛的冰雹，因冰雹在藏语中发音为"色拉"，故该寺建成后取名为"色拉寺"，意为"冰雹寺"；另一种说法认为该寺兴建在一片野蔷薇花盛开的地方，野蔷薇在藏语发音也为"色拉"，所以将寺取名"色拉寺"。

　　色拉寺的规模宏大，依山就势而建，寺前有流沙河流淌而过。寺院占地约11.5万平方米，殿宇错落有致，重楼叠阁，金碧辉煌，甚为壮观，体现出藏传佛教寺院依山建筑的鲜明特点。主要建筑包括措钦大殿、麦扎仓、吉扎仓、阿巴扎仓、康村等，所有建筑的外观颜色一致，主体建筑形体高大，因而具有统领全局的作用，使整座寺院显得主次有序。寺内所有屋舍均为石木结

知识链接

　　坐落于拉萨北郊的色拉乌孜山脚的色拉寺全称"色拉大乘寺"，是藏传佛教格鲁派六大寺院之一。色拉寺是拉萨三大寺之一，却是三大寺中建成最晚的一座。

构，屋顶白色外墙的上部装饰紫黑色贝玛草，具有浓郁的藏式风格。

措钦大殿位于寺院的东北部，是寺内最大的殿堂，也是全寺的管理中心和主要集会场所。大殿建于清康熙四十八年（1709年），平面为方形，由殿前广场、经堂和五座拉康（佛殿）组成，占地面积约2 000多平方米。它的经堂高2层，由180根立柱支撑。经堂的后部有三座佛殿，居中者供奉高6米的强巴佛鎏金铜像，其余供文殊菩萨、宗喀巴师徒三尊、绛钦却杰、十一面千手观世音菩萨等尊像。大殿的殿顶为汉式风格的歇山式顶，覆以鎏金铜瓦，装饰宝盘、宝珠、神鸟、宝幢等。

吉扎仓是色拉寺最大的扎仓，面积1 702平方米，仅次于措钦大殿。初建于1435年，创建人为贡久洛真·仁钦僧格。吉扎仓高四层，仅经堂就有柱100根。经堂内遍挂唐卡、伞盖、帏幔，四周墙壁遍绘释迦传记和各种护法神像。殿内北部供有多座活佛灵塔和造像。比吉扎仓略小一点的是麦扎仓，建于1419年，后被雷火烧毁，1761年重建，现有面积1

▲拉萨色拉寺杰扎仓

600多平方米。阿巴扎仓是寺内唯一的密宗扎仓，建于1419年，面积约1500平方米。主体建筑高二层，由经堂和四座佛殿组成。底层经堂的西墙为通顶的大经架，其北有石塔，后部有两座佛殿。二层为绛钦却杰的灵塔殿，平面呈长方形，由6根柱子支撑，柱高仅2米。该殿的东、西、北三面设佛台，北面佛台的正中供奉绛钦却杰和色拉寺第二任主持绛才桑布的灵塔。

色拉寺内藏有许多极为丰富的珍贵文物,主要包括各种胎质的佛像、唐卡、壁画、佛经、法器和供器。其中最重要的是一套用朱砂汁书写的藏汉文对照《甘珠尔》(大藏经),为明成祖馈赠绛钦却杰之物。这是世界上第一部用藏文书写的佛经版本,对研究我国版本学和印刷史都具有重要的价值。

▲色拉寺

藏历十二月二十七日为色拉寺的盛大的节日,叫"色拉崩钦",是色拉寺独有的金刚杵加持节。据传在15世纪末,由印度传来一个金刚杵,人称飞来杵,后由结巴扎仓堪布于藏历十二月二十七日迎入丹增护法神殿中供奉。按习惯每到藏历十二月二十七日清晨,结巴扎仓的"执法者"骑上快马将金刚杵送往布达拉宫呈给达赖喇嘛,达赖喇嘛对金刚杵加持后,再快马送回色拉寺。这时,结巴扎仓堪布升座,手持金刚杵给全寺僧众及前来朝拜的信众击头加持,以表佛、菩萨及护法神的护佑。每年这天来色拉寺等待击头加持的信徒数以万计。

甘肃南部藏族地区最大的寺院——拉卜楞寺

拉卜楞寺始建于清康熙四十八年(1709年),是由第一世嘉木样活佛创建的,现已成为甘、青、川地区最大的藏族宗教和文化中心。

拉卜楞寺坐北向南,共占地面积达800 000余平方米。整个建筑鳞次栉比,错落有致,堪称安多地区第一名刹。这些建筑可分为石木结构和土木结构两类,外石内木,有"外不见木,内不见石"的说法。建筑形式有藏式、汉宫殿式和藏汉混合式三种。全寺现有六大扎仓(学院)、十八拉康(佛寺)、十八囊欠(活佛公署)、两座经堂,以及辩经坛、印经院、藏经院、经塔和一万多间僧舍,整个建筑规模宏大,气势雄伟。不仅具有佛教的特

四 神秘的西藏寺院

征，还体现出中国古代传统建筑的特色，是中华文化宝藏的一部分。

闻思学院经堂又称大经堂，是全寺最大的经堂，也是全寺的中枢。大经堂包括前殿楼、前庭院、正殿和后殿共数百间房屋，占地6 666.67余平方米，是全寺最宏伟的建筑。前殿楼为大屋顶式建筑，顶脊有宝瓶、法轮等饰物，楼上供吐蕃赞普松赞干布之像，楼上前廊设有嘉木样大师、四大色赤、八大堪布等活佛们每年正月和七月法会观会时的坐席，楼下前廊为本院僧官逢法会时的座位。前庭院是本院学僧辩经及法会辩经考取学位的场所，有廊房三十二间。大经堂正殿东西十四间，南北十一间。正殿内悬乾隆皇帝御赐"慧觉寺"匾额，内设嘉木样和总法台的座位及僧人诵经坐垫，供有释迦牟尼、宗喀巴、二胜六庄严、历世嘉木样塑像，悬挂着精美的刺绣佛像及幢幡宝盖等，显得十分华丽，且藏有《甘珠尔》等经典。后殿正中，供奉着镏金弥勒大铜像，后殿左侧供奉着历世嘉木样大师的舍利灵塔，及蒙古河南亲王夫妇和其他活佛的舍利灵塔，共14座，右侧为本寺护法神殿。

▲拉卜楞寺的法会

拉卜楞寺有众多佛殿，佛殿是僧众诵经和信徒朝拜的场所。下续部学院的佛殿是整个寺庙现存最古老也是唯一的第一世嘉木样活佛时期所建的佛殿。

在十八座拉康中，以寿禧寺规模最大。寿禧寺高20米，是全寺规模最高的一座建筑物。殿内供奉着释迦牟尼佛像。殿顶金龙盘绕，墙边雄狮蹲伏。

殿中还排列着四座白色喇嘛塔。全殿宗教气氛浓厚。

拉卜楞寺佛像多达万余尊,就质地而言,有金、银、铜、铝等金属制品,还有象牙、檀木、玉石、水晶和泥塑作品,而且不少佛冠及佛身均嵌以珍珠、翡翠、玛瑙、金刚石等珍物,佛像制作精美、形态庄重,面容慈祥,给人以美感,寺内珍藏的上万幅唐卡多出自藏画之乡青海五屯艺人之手。拉卜楞寺也是现有藏传佛教寺院藏书最丰富的寺院之一,保存经卷约6.5万余部,1.82万余种(复本书和《甘珠尔》、《丹珠尔》除外),可分为哲学、全集、密宗、医药、声明、历史、传记、工艺、文法修辞等十余类;珍藏有贝叶经(写于印度贝多罗树叶上的经文)两部,印经院内保存有各种木刻经版7万余块。另外拉卜楞寺保存有众多清王朝以来历届中央政府及达赖、班禅颁赐给嘉木样活佛和其他大活佛的封诰、册文和印鉴等历史文物。

▲拉卜楞寺

拉卜楞寺有许多重要的诰会,其中以正月祈愿法会和七月敦白日扎法会(也称七月"说法会")声势最为隆重。正月祈愿法会自正月初三晚直到十七日止,每天全体僧人在大经堂诵经6次,届时还有"放生"、"亮佛"、跳法王舞、酥油花灯会、"转弥勒佛"等活动。七月法会正式日期为七月初八,僧众每日集会听经或辩经7次,并于大经堂广场外演出圣僧米拉日巴劝

知识链接

拉卜楞寺,全名为"甘丹谢知达尔吉扎西伊苏奇委琅",意为"兜率天宫讲修宏扬吉祥右旋洲",位于甘肃省甘南藏族自治州夏河县大夏河岸边,是藏传佛教格鲁派六大寺院之一,也是甘肃南部藏族地区最大的寺院。寺内建筑雄伟,珍藏文物丰富。拉卜楞寺在历史上号称有108属寺(其实要远大于此数),是甘南地区的宗教中心,目前拉卜楞寺保留有全国最好的藏传佛教教学体系。

化猎夫贡保多杰为主要内容的戏剧表演。表演者全为寺内舞僧，并有执鼓拨号的僧人乐队。除法会之外，拉卜楞寺还有许多重要的节日，如教仇节、亮宝节、娘乃节等。"娘乃"是闭斋的意思，在四月十五日那天举行，这一天也是佛祖释迦牟尼成佛的日子，所以在这一天所做的修行要比其他日子的功德来得大。四月十四日，参加娘乃节的人们来到嘛呢康哇一起参加全村人自愿集资举办的聚餐会。在四月十四日这一天，大家都吃得很饱，因为到了第二天就只能转廊拉、念嘛呢，水与食物就不能入口了。直到四月十六日才能吃东西。

▲扎什伦布寺灵塔殿

拉卜楞寺以其独特的建筑、珍贵的文物、众多的节日，不断吸引着全世界的人们来此顶礼膜拜。

"佛、法、僧"三宝俱全的桑耶寺

桑耶寺始建于吐蕃王朝第五代赞普赤松德赞执政时期（742—749年），寺院建成于779年，有西藏第一座寺院的美誉。

九世纪，西藏禁止佛教传播，桑耶寺被迫关闭，直到11世纪后半期才重新开放。七世达赖时重修了桑耶寺。现存建筑为1945年热振活佛主持修建的。

桑耶寺建筑规模宏大，殿塔林立，以金大殿（乌孜仁松拉康）为主体，组成一座庞大、完整的建筑群，总面积约25 000余平方米。它是仿照古印度婆罗王朝在摩揭陀所建的欧丹达菩黎寺为蓝本而建的。全寺的建筑完全按照佛经中的大千世界布局：中央藏、汉、外来印度三种风格的三层"乌孜大殿"代表世界中心须弥山；大殿南北建有太阳、月亮两殿，象征宇宙中的日、月双轮；乌孜大殿四个角上分别建有红、白、绿、黑四座佛塔，代表四大天王，以镇服一切凶神邪魔，防止天灾人祸的发生；在塔周围遍架金刚杵，形成108座小塔，每杵下置一舍利，象征佛法坚不可摧。大殿四周还均匀分布着

中国的寺院

4大殿和8小殿，表示四方咸海中的4大部洲和8小洲；寺庙建筑群的外围被一道圆形的围墙所环绕，象征着世界外围的铁围山。整座寺庙的建筑布局又和密宗的曼荼罗有几分相似。

乌孜大殿是桑耶寺中最高大、最壮观的建筑物，是桑耶寺的中心主殿，面积达6 000余平方米。大殿正门南侧墙边有石碑一方，传说是赤松德赞所立，碑上有古藏文，反映了赤松德赞兴佛的情况。大门门廊的额枋上，悬有一口唐式挂钟，这是西藏历史上铸造的第一口铜钟，钟上铸有古藏文。据有关资料记

> **知识链接**
>
> 桑耶寺坐落在西藏自治区扎囊县雅鲁藏布江北岸，又名存想寺、无边寺，因藏王赤松德赞创建时融合了藏、汉、印三种建筑风格，所以又被称为"三样寺"。桑耶寺是西藏第一座剃度僧人出家的寺院，是藏传佛教历史上第一座"佛、法、僧"三宝俱全的寺庙，是藏族文物古迹中历史最悠久的著名寺院，是吐蕃时期最宏伟、最壮丽的建筑。寺内珍藏和保存着自吐蕃王朝以来西藏各个时期的历史、宗教、建筑、壁画、雕塑等多方面的遗产，它是藏族古老而独特的早期文化宝库之一，是祖国民族文化遗产的典范。1966年，桑耶寺被国务院列为全国重点文物保护单位。

▲桑耶寺

载，此钟为虔诚的佛教徒赤松德赞的第三妃所献。乌孜大殿坐西朝东，高三层，式样别致。每层殿堂的空间很高，一般5.5米~6米之间。乌孜大殿的建筑风格十分独特，大殿底层采用藏式建筑风格，中层采用汉式建筑风格，上层采用印度建筑风格，"三样寺"的名称也由此而来。各层的壁画和塑像也都按照各自的方式进行绘画和雕塑。这种融藏、汉和外来印度合璧的建筑格调，在建筑史上是非常罕见的。

▲桑耶寺

大殿和甬道回廊里均绘满了各种题材的壁画和唐卡。壁画内容十分丰富，题材广泛，有"西藏史画"、"桑耶史画"、"莲花生传"、"舞蹈杂技"等，其中"西藏史画"壁画长92米，洋洋洒洒，恢弘壮丽，被誉为西藏的"绘画史记"，这在古今中外壁画史上是非常罕见的。

桑耶寺以其殿塔林立，楼阁高阔，规模宏大，融合了藏、汉和外来印度三种风格。因而造型完美的建筑和题材广博、技艺高超、绘塑精湛的壁画造像，以及众多木雕石刻、唐卡等文物瑰宝而驰名于世。桑耶寺周围绿树成荫，河渠萦绕，是国家级雅砻风景名胜区的主要景区之一。

世界上海拔最高的寺院——绒布寺

绒布寺始建于1899年，由红教喇嘛阿旺丹增罗布创建，由于其海拔高度及身后的珠穆朗玛峰，使它在一百多年里稳稳当当地演绎着属于它的角色，占据着属于它的一席之地。整个寺院依山而建，一共五层，现在仍在使用的只有两层。据说当初之所以把

> **知识链接**
>
> 绒布寺位于西藏日喀则地区定日县巴松乡，高居珠穆朗玛峰下绒布沟东西侧的"卓玛"（度母）山顶。绒布寺距定日县90千米，距世界最高峰珠穆朗玛峰20千米，海拔5100米，地势高峻寒冷，是世界上海拔最高的寺院。

▲ 绒布寺

寺庙建得这么高，主要是图这里清静，便于休息。这里信奉宁玛派。寺外白塔下的玛尼堆是当地佛教信徒们为自己祈求好运的。

绒布寺主殿正面供有释迦牟尼、莲花生等佛像。僧尼同住一个寺庙开展佛事活动，兴盛时曾拥有僧人三百多名和比丘尼三百多名，二十多个殿堂；现在僧人十一名、比丘尼八名，设有一个诵经殿和一个殿堂。每年藏历四月十五日要在这里举行三天的跳神活动，藏历十一月二十九日还要举行隆重的驱鬼仪式。

拉萨布达拉宫

"布达拉"在藏语中叫普罗陀，意思是神仙居住的地方，世人称布达拉宫为"第二普陀山"。布达拉宫最初是松赞干布为迎娶文成公主而修建的。那时布达拉宫有大小房屋一千间，但是在赤松德赞统治时期遭遇雷火烧毁了一部分。后来在吐蕃王朝灭亡时，宫殿也几乎全部被毁，只留下了两座佛堂幸免于难。1645年，五世达赖喇嘛洛桑嘉措重建布达拉宫，使布达拉宫成为世界屋脊上最为雄伟壮观的古代建筑群。

布达拉宫海拔3 700多米，占地总面积36万余平方米，建筑总面积13万余平方米，主楼高117米，看似13层，实际9层。布达拉宫建筑主要采用石头和木料，外墙厚达2~5米，基础直接埋入岩层。墙身全部用花岗岩砌筑，高达数十米，每隔一段距离，中间灌注铁汁，进行加固，提高了墙体抗震能力，坚固稳定。布达拉宫宫殿、灵塔殿、佛殿、经堂、僧舍、庭院等一应俱全，是当今世界上海拔最高、规模最大的宫殿式建筑群。

▲布达拉宫红宫

布达拉宫由雪城、宫堡和林卡三部分组成。

宫墙内的山前部分叫"雪城"，分布着原西藏政府噶厦的办事机构，如法院、印经院和藏军司令部等。这里还有作坊、马厩和供水处等生活服务机构。

宫墙内的山后部分称"林卡"，主要是一组以龙王潭为中心的园林建筑，是布达拉宫的后花园。五世达赖重建布达拉宫时在此取土，形成深潭。后来六世达赖在湖心建造了三层八角形的琉璃亭，里面供奉着龙王像，因此称之为龙王潭。

宫堡是布达拉宫的主体建筑，主要包括白宫和红宫。

白宫因外墙为白色而得名。它是达赖喇嘛生活、起居的场所，共有七层。最顶层是达赖的寝宫"日光殿"，殿内有一部分屋顶敞开，终日阳光普照，因此得名。日光殿分东西两部分，西日光殿（尼悦索朗列吉）是原殿，东日光殿（甘丹朗色）是后来仿造的，两者布局相仿，分别是十三世和十四世达赖的寝宫，也是他们处理政务的地方。这里等级森严，只有高级僧俗官员才被允许进入。殿内包括朝拜堂、经堂、习经室和卧室等，陈设十分豪华。

白宫的第六层和第五层都是生活和办公用房。第四层有白宫最大的殿宇东大殿（措钦厦）。殿长27.8米，宽25.8米，内设达赖宝座，上悬同治帝书写的"振锡绥疆"匾额。布达拉宫的重大活动如达赖坐床典礼、亲政典礼等都在此举行。

红宫主要是达赖喇嘛的灵塔殿和各类佛殿，共有8座存放各世达赖喇嘛法体的灵塔。五世达赖喇嘛的灵塔，是宫中最高的灵塔，塔高14.85米，塔身用黄金包裹，并嵌满各种珠宝玉石，建造中耗费黄金5 500千克。其他几座灵塔虽不如五世达赖喇嘛灵塔高大，其外表的装饰同样使用大量黄金和珠宝，可谓价值连城。西有寂圆满大殿（措达努司西平措）是五世达赖喇嘛灵塔殿的享堂，也是布达拉宫最大的殿堂，面积725平方米，内壁绘满壁画。其中，五世达赖喇嘛去京觐见清顺治皇帝的壁画是最著名的。殿内达赖喇嘛宝座上方高悬清乾隆皇帝御书"涌莲初地"匾额。

红宫中的法王殿（曲结哲布）和圣者殿（帕巴拉康）相传都是吐蕃时期遗留下来的建筑。法王殿正处在布达拉宫的中央位置，它的下面就是玛布日山的山尖。据说这里曾经是松赞干布的静修之所，现供奉着松赞干布、赤尊公主、文成公主以及大臣们的塑像。圣者殿供奉松赞干布的主尊佛———尊由檀香木天然形成的观世音菩萨像。

红宫的屋顶平台上布满各灵塔殿的金顶，全部是单檐歇山式，以木制斗拱承托外檐，上覆鎏金铜瓦。顶端立一大二小的三座宝塔，金光灿灿，煞是耀眼。屋顶外围的女墙用一种深紫红色的灌木垒砌而成，外缀各种金饰，墙

▲布达拉宫

四 神秘的西藏寺院

顶立有巨大的鎏金宝幢和红色经幡，体现出强烈的藏式风格。

红宫中的另外一些宫殿也很重要。三界兴盛殿（萨松朗杰）是红宫最高的殿堂，藏有大量经书和清朝皇帝的画像。坛城殿（洛拉康）有三个巨大的铜制坛城（曼陀罗），供奉密宗三佛。持明殿（仁增拉康）主供密宗宁玛派祖师莲花生及其化身像。世系殿（仲热拉康）供金质的释迦牟尼12岁像和银质五世达赖像，十世达赖的灵塔也在此殿。

> **知识链接**
>
> 布达拉宫，是西藏的象征，它那磅礴的气势和伟岸的身姿，在许多人心目中成为圣洁的象征。布达拉宫位于中国西藏拉萨的红山之巅，是一座举世闻名的宫堡式古建筑群，建于7世纪，距今已有1300多年的历史。这是昔日西藏地区政教领袖达赖喇嘛的住地和西藏地方政府所在地，是西藏政教合一的统治中心，是藏族古建筑艺术的精华。1994年，布达拉宫被联合国教科文组织列入世界文化遗产名录。

布达拉宫所有宫殿、佛堂和走廊的墙壁上，都绘满了壁画，构成一座巨大的绘画艺术长廊，壁画绚丽多彩，壁画的题材有西藏佛教发展的历史，五世达赖喇嘛生平、文成公主进藏的过程、高原风情、历史传说等，具有较高的历史价值和艺术价值。

此外布达拉宫内还收藏了大量文物珍宝，有各式唐卡近万幅，金质、银质、玉石、木雕、泥塑的各类佛像数以万计，以及明清皇帝的诏敕、印玺，各界赠送的印鉴、礼品、匾额和经卷，宫中自用的典籍、法器和供器等。其中金汁书写的《甘珠尔》、《丹珠尔》（两者都是藏文的《大藏经》）、贝叶经《时轮注疏》、释迦牟尼指骨舍利、清朝皇帝御赐的金册、金印等都堪称稀世珍宝，价值连城。

布达拉宫是独特的，又是神圣的。每当提起西藏，使人不得不联想到布达拉宫，这座凝结藏族劳动人民智慧和促进汉藏文化交流的古建筑群，已经以其辉煌的雄姿和藏传佛教圣地的地位成为藏民族的象征，它是拉萨城的标志，是西藏建筑艺术的珍贵财富，也是独一无二的雪城高原上的人类文化遗产。

拉萨大昭寺

▲大昭寺

四 神秘的西藏寺院

中国的寺院

大昭寺初名惹刹，始建于648年吐蕃王朝松赞干布时期。关于大昭寺的来历，还有这样一段传说：相传这里原是一个荒草丛生的沼泽，沼泽地中心的湖泊叫"吉雪印卧堂"，文成公主观天象，认为整个青藏高原是个仰卧的罗刹女，这个魔女呈人形，头朝东，腿朝西，仰卧臂，认定卧堂湖乃罗刹女的心脏，湖水乃其血液，此象极不利于藏王立业，必须填湖建寺，把魔女的心脏给镇住。这便是大昭寺的来历。文成公主还同时推荐了另外十二个小寺院在边远地区，镇住魔女的四肢和各个关节，共建了十三座寺院。宋、元、明、清时期，人们对大昭寺不断增修或扩建，使其规模日益扩大。清代正式改名为大昭寺。

大昭寺的布局方位与汉地佛教的寺院不同，其主殿是坐东面西的，建筑面积达2000多平方米。主殿高四层，两侧列有配殿，布局结构上再现了佛教中曼陀罗的宇宙理想模式。寺院现存的主要建筑有大门、主殿、经堂和佛堂。寺内各种木雕、壁画精美绝伦，空气中弥漫着酥油香气，藏民们神情虔诚地参拜转经。

觉拉康殿是大昭寺的主殿，殿高四层，上覆鎏金铜顶，经堂、佛殿和西藏地方政府等建筑环绕四周，衬托出主殿雄伟的气势。寺庙殿堂虽然没有严格的规制，但院落空廊错落有致，起到整齐统一的建筑艺术效果。主殿为砖木结构，所使用的砖是古代的琉璃大砖，质地坚硬，式样美观。内部廊柱高大，呈正方形，上小下大，柱头上彩绘飞天浮雕，初檐与重檐之间饰排列的木雕伏兽和一百零八尊半圆雕的人面狮身像，形象古朴生动，线条流畅，雕工精美。殿堂构造风格特殊，为我国古建筑中所罕见，是我国古建筑艺术的杰作。更有趣的是，仔细观察那些雕像，鼻子都是扁平的，相传这是赞普松赞干布所造。在大兴土木建造大昭寺时，松赞干布变了许多化身，一齐上梁挥斧干活。有一天赤尊公主亲往工地送饭，看见干活的都是松赞干布，感到惊奇，大叫了一声，他们一齐循声张望，不慎斧子偏斜，把雕像的鼻子都削平了。

大昭寺殿顶为重檐歇山式，覆盖鎏金铜顶四座，俗称金顶，金顶屋脊上有宝

> **知识链接**
>
> 大昭寺是位于拉萨老城区中心的一座藏传佛教寺院，是西藏最辉煌的一座吐蕃时期的建筑，也是西藏现存最古老的土木结构建筑，所以在西藏有"先有大昭寺，后有拉萨城"的说法。2000年，作为布达拉宫的扩大范围，大昭寺被联合国列入世界文化遗产名录。

四　神秘的西藏寺院

▲大昭寺前的唐蕃会盟碑

瓶、法轮、经幢、莲座等装饰，在阳光照射下闪闪发光，显得分外壮观。主殿整个建筑既有唐代的建筑特色，又有印度和尼泊尔的建筑风格，是汉藏文化和中外文化交流的历史见证。

在大昭寺的主殿中，有一件极为珍贵的文物，即释迦牟尼12岁等身像。这是文成公主641年从长安带来的。据藏文史籍记述，寺内原供奉来自尼泊尔的赤尊公主带到吐蕃的不动金刚佛像，即释迦牟尼8岁等身像，8世纪前半期唐金城公主嫁到吐蕃后，将其移置于小昭寺，而将文成公主带到吐蕃的佛像——释迦牟尼12岁等身像迎至该寺供养。这尊佛像珍贵的原因是因为此像是释迦牟尼在世时按照他本人的形象塑造的。像塑好后，又是佛祖释迦牟尼自己给自己的佛像开光加持。藏族人认为它珍贵，不仅仅是因为它的历史价值和文物价值，最重要的是认为见到这个佛和见到佛祖没有区别。此外，寺内的藏式壁画"文成公主进藏图"和"大昭寺修建图"、还有两幅明代刺绣的护法神唐卡等，都是大昭寺极为宝贵的文物。

在大昭寺前面的小广场矗立着唐蕃会盟碑，又名"唐蕃舅甥会盟碑""长庆会盟碑"。碑高3.42米，宽0.82米，厚0.35米。此碑建于唐长庆三年（823年），由唐穆宗和吐蕃赞普赤松德赞派遣使者，在拉萨会谈并达成协议同盟后用藏汉两种文字刻写的。甥舅会盟碑是因为吐蕃赞普赤祖德赞娶的是唐朝皇帝的公主，所以他的孩子自然就要管以后的唐朝皇帝叫舅舅了。这碑是汉藏之间人民友爱的见证，也是研究唐蕃历史的重要实物资料。在碑的旁边有一棵柳树，据传由文成公主亲手种植，当地人称为公主柳。作为汉藏联亲的象征，依然被精心呵护着。

《劝人种痘碑》刻立于清乾隆二十九年（1764年），当时西藏流行天花，并认为是不治之症，常将病人赶往荒郊野岭，死者甚众。后来驻藏大臣和琳在藏北草原对患者给予安置，发放房舍和食物，使不少人得以生还，藏族人民为之感激，并勒石树碑，称为"痘碑"。碑呈长方形，高3.3米、宽1.2米，碑额雕有二龙戏珠图案，碑面文字因日久风化，已辨认不清。种痘碑的建立，见证了中央政府对西藏人民的关怀。

西藏人说，没去大昭寺就等于没去拉萨，大昭寺以其古老的历史，珍贵的文物，吸引着来自全世界的游客。

五 古老的南传上座部佛教寺院

珍藏中国 中国的寺院

景洪曼阁佛寺

▲云南景洪曼阁佛寺

五 古老的南传上座部佛教寺院

在风光旖旎的澜沧江东岸曼阁寨，有个佛寺名叫曼阁佛寺。曼阁佛寺雄伟壮丽，金碧辉煌，是我国南传佛教的一座重要寺院。"佛寺"在傣语中称为"缅寺"。西双版纳傣族信仰上座部佛教，凡有村寨之处就必有佛寺。曼阁佛寺因其悠久的历史，独具一格的建筑风格和中心佛寺的地位，在景洪地区有着很大的影响，是目前保留最为完好和最有价值的佛寺。

由于释迦牟尼成佛时面向东方，所以寺院的布局是坐西朝东的。寺院占地1 307平方米，现存建筑主要由大殿、经堂、僧舍、鼓房、走廊及门亭等部分组成，四周围有矮墙，形成一座东西向的长方形寺院。

曼阁佛寺的大殿位于广场之中，长11米，宽10米，面积为110平方米，是一座无柱式重檐三坡面建筑。寺顶呈诸葛亮帽状，被十六棵刷着红漆、雕刻花纹的红香椿圆木柱支撑着，分为上下两层。上层为两坡水，下层为四坡水。整个屋顶形态玲珑而又壮观。殿内的梁、柱和天花板，都为红色，并以金花装饰，绚丽夺目。

佛殿中堂的西侧，为一个高2米的须弥座，上面供着4米高的镀金释迦牟尼像，尊称"萨帮友帕布塔召"或"萨帮友"，意为"高尚的至尊佛祖"。前置供桌，桌上供有各种大小佛像及动物塑像，有立式、坐式两种。这些佛像大多作火焰髻髻，卷云状耳，眉目清秀，做微笑状，粗头宽肩，体型瘦削。佛像前面的两侧挂着五彩缤纷、琳琅满目的长幡，傣语称"董"，长幡宽20米，长4米多，由梁垂吊至离地面2米左右，上面绘着五光十色的花纹，缀满金光灿灿的金纸、银箔，每一条长幡都是一幅幅精美的傣族战锦。据说"董"是佛祖赐予信徒死后升天的天梯，越长表示越吉祥。

大殿的南侧有一个用砖砌筑的高约0.5米的专供佛爷和尚念经时坐用的上座，它形似一朵盛开的莲花，莲花上为一亭台楼阁，精美无比。据南传佛教的教义——只有出家人才能成佛，而一切世俗人只能听佛的训诫，祈求佛主的庇佑，本身不能成佛，因而设立上座就严格地把能成佛的与不能成佛的截然分开，所以前来听经的世俗百姓只能坐

> **知识链接**
>
> 傣族把佛教传入的时间定为傣历元年，曼阁佛寺建于傣历840年，也就是1477年，距今已有500多年的历史。寺院建成后，虽经多次重修，现存建筑基本上是明代制造的。

在上座的对面，佛殿北侧的偏厦之下。在上座的右边，设有一个经书台，傣语称"殿坦未"，它由七头象支撑起一个小亭，专门让群众听经时奉献蜡条、供品。这七头象精雕细刻，造型别致，它取材于释迦牟尼骑七头象战胜辟当的故事，七头象表示无比崇高之意。

佛殿四周的墙壁上，有色彩斑斓、精工细绘的经画，内容是释迦牟尼十世成佛的故事。绘画线条流利、粗犷，颇具浓郁的傣家壁画风格。

置身于大殿中，仿佛置身佛的世界，幽深昏暗的光线下，闪闪发光的佛像，五彩纷呈的"董"（幡幔），色彩鲜艳的壁画以及寺顶五彩缤纷的绘图，让人感到佛世界的神秘莫测，同时也看到傣家人卓越的智慧和独具匠心的创造。

佛寺南侧3米处为戒堂，傣语称"波苏"，它是中心佛寺的标志，建筑风格与大殿相同，为无柱式重檐三坡面建筑，长5米，宽3.75米，通高4米，其内室须弥座基高1.70米，供约0.3米高的释迦牟尼像，戒堂门亭木柱下垫有两头伏着的象。整个建筑玲珑剔透，颇具民族特色。佛寺的戒堂是各佛寺佛爷集中诵经忏悔、商讨宗教事务的场所。因而，戒堂严禁百姓、和尚进入，并严禁妇女到戒堂附近走动。戒堂外侧栽有十多棵菩提树，把整个戒堂包围在树荫下。

曼阁佛寺里曾经保存的贝叶经多达八万四千卷，其中包括文学、历史、天文、历法、医学、心理学、法律、自然常识等方面的内容。傣族著名的叙事长诗《鸟沙玛洛》、《站巴西敦》、《蘭嘎西贺》就是根据经书里的故事改编的。这些都是傣族人民宝贵的文化遗产。

曼阁佛寺外，澜沧江奔腾而去，椰子树、棕榈树蔚然成林，这里不仅是南传佛教顶礼膜拜的地方，更是一处热带风情旅游的好去处。

芒市菩提寺

在芒市镇正南路中段，有一座苍劲古朴的寺院——菩提寺。这是我国南传佛教的一座著名寺院，也是芒市地区现存较好的一座佛寺。寺院粉墙绿瓦，层楼叠阁，斗拱飞檐，雕梁画栋，面对连绵伟岸的青山，背靠悠悠的芒市河，与风格独特的傣家竹楼、风光绮丽的亚热带景色相映成趣。

菩提寺坐西向东，占地3 600平方米，其中寺基座占地1 000平方米，寺高14米，是宫殿瓦顶式的木架楼房。大殿是菩提寺的主要建筑，大殿呈纵式建筑，山墙变作面墙，走廊前面加了座重檐式牌门，巧妙地将山墙遮去大半，只露出飞檐翘角鸱吻，梵宫层楼叠阁，斗拱飞檐。屋顶用汉族歇山式建筑，整体结构又呈傣族干栏式建筑风格，将傣式、汉式、梵式建筑风格融于一体，构思别致，制作精巧，实为我国建筑艺术花园中的一朵奇葩。

在大殿前一对石雕动物，是缅甸传说中的一种奇兽，叫"嘎朵"，是专门守护佛殿的。"嘎朵"雄姿勃勃，为大殿增添了几分庄严静穆气氛。佛殿正中，约3米高的释迦牟尼佛像端坐于莲台上。佛像流金溢彩，形体匀称和谐，表情生动细腻，慈祥端庄，体态丰腴。佛祖的两侧佛龛内，供有数十尊造型逼真、表情各异的佛像。

大殿前的广场，是僧众们礼佛前后的集散之地。殿前的廊厦，是僧众们休息和避雨、遮阳的场所。这样的布局，完全是为了满足在云南酷热多雨的自然环境中，僧众们从事宗教活动的需要。

菩提寺不仅是南传佛教讲经说教的禅寺，也是傣族民间文化艺术珍品的宝库。400多年间，菩提寺珍藏了许多傣族民族文化艺术珍品，其中有灿烂夺目的壁画、琳琅满目的傣族剪纸、装裱工艺品和集傣族历史、文化和佛教教义于一体的内容浩瀚的万卷经书。

菩提寺不仅是座佛寺，还是各族群众文化娱乐活动的中心，一年中该寺主要有三次大的活动：一是春节，各族群众身着艳丽服装进寺参观娱乐，观看傣戏，共庆佳节。中缅两国僧人彼此往来，取经念佛。二是欢度傣族、德昂族民间最盛大的传统节日——泼水节。芒市镇附近村寨的泼水节仪式就在

> **知识链接**
>
> 菩提寺始建于清康熙十六年（1667年），相传当时茫施（今芒市）长官司的大儿子舍弃官位，削发为僧，修建此寺。因寺前有一株很大的菩提树，便借树取名为菩提寺。傣语称之为"奘桐"，意为宝石寺。300余年来，屡遭战乱浩劫，历经沧桑，屡次重建，直到现在依然保持着原来的风貌。

▲芒市菩提寺

此举行。节日伊始，窈窕的傣族少女虔诚地向佛祖献上鲜花、贡品，院内的人工飞龙，口喷银水，上下翻腾。顿时，水花、鼓声、铃声、歌声、欢笑声交融，犹如诗的王国，花的海洋。三是赶躲节，纪念佛祖受难，每值傣历九月至十二月这三个月中，教民禁止婚娶，忌食肉类，隔五日祈祷、供佛三天，祈求佛祖平安渡过难关。

景真八角亭

　　八角亭坐落在勐海县勐遮乡景真村旁的一座圆形的山丘顶上，是一座深受缅甸佛寺建筑影响而修建的傣式建筑。因此亭坐落在景真地方，人们通常称它为景真八角亭。当地傣族称之为"波苏景真"。"波苏"的意思是莲花的顶冠，"波苏景真"意思就是景真莲花顶冠佛亭。景真八角亭是西双版纳的重要文物之一。

　　该建筑始建于1701年，根据景真的傣文史书记载，八角亭所在的这座山丘叫做"灰剁"，是一窝有"宝"的土蜂筑巢之地。八角亭是景真地区僧侣们在傣历每月的十五、三十日集会的场所，也是高僧讲

五 | 古老的南传上座部佛教寺院

▲景真八角亭

经、商议重大事务及举行僧侣等级升级的地方。

八角亭属砖木结构建筑。相传，这座八角亭是佛教徒们为纪念佛祖释迦牟尼，而仿照他戴的金丝台帽"卡钟罕"建筑的。正门呈拱形，拱门上方设有卷龛，供奉铜质佛像一尊，两扇用红椿板制作的大门上，分别雕有傣式太阳花和双龙绞尾图案。门前有一木梯与石阶相连，两侧各立着一头雄狮和一条神龙。雄狮张牙舞爪，神龙摇头摆尾，龙与狮的形态栩栩如生。亭的内壁用金粉绘制有各种花卉、动物图案，其间还镶嵌着多种形状的镜片。亭子的外墙上镶嵌着镜子和彩色玻璃，不时闪耀着奇光异彩，使八角亭显得更加瑰丽。屋面覆盖着精制的鱼鳞形琉璃片瓦，屋上装置着傣族艺人精心制作的陶质花卉、宝塔。八个亭角上都塑有金鸡、凤凰，风檐板间雕刻着色彩鲜艳的异卉奇葩。亭子的顶部呈八角状薆色琉璃瓦建筑，十个导面逐层收缩后成锥形尖顶，毕盖上立起一根4米长的铁杆，铁杆顶端挂着一面三角形的小旗。亭檐四周悬吊无数铜铃，每当清风吹来，叮当作声，清脆悦耳。在八角亭的一侧，葱葱郁郁的菩提树盘根缠绕，像一个睿智的老者，叙说着几百年的繁荣与沧桑。

八角亭是典型的西双版纳佛教建筑，它吸收了东南亚建筑风格，又具有中国古代建筑的特点。相传八角亭的八个角，是代表帕召身边的八个"麻哈厅"（高僧），亭上的4道门是表示佛教传播四方。

在八角亭，环目而视，山丘下的流沙河蜿蜒而行，碧绿的孔雀湖如一颗含水的珍珠，镶嵌在那满是苍翠的山林中。

景真八角亭造型玲珑华丽，装饰精美、造型美观，工艺精湛，别具一格，具有较高的历史价值和艺术价值，是我国南传佛教建筑中的一件精品，也是古代西双版纳傣族建筑水平的一个标志。